Los vascos

Una guía fascinante de la historia del País Vasco, desde la prehistoria, pasando por la dominación romana y la Edad Media hasta el presente

© Copyright 2021

Todos los derechos reservados. Ninguna parte de este libro puede ser reproducida de ninguna forma sin el permiso escrito del autor. Los revisores pueden citar breves pasajes en las reseñas.

Descargo de responsabilidad: Ninguna parte de esta publicación puede ser reproducida o transmitida de ninguna forma o por ningún medio, mecánico o electrónico, incluyendo fotocopias o grabaciones, o por ningún sistema de almacenamiento y recuperación de información, o transmitida por correo electrónico sin permiso escrito del editor.

Si bien se ha hecho todo lo posible por verificar la información proporcionada en esta publicación, ni el autor ni el editor asumen responsabilidad alguna por los errores, omisiones o interpretaciones contrarias al tema aquí tratado.

Este libro es solo para fines de entretenimiento. Las opiniones expresadas son únicamente las del autor y no deben tomarse como instrucciones u órdenes de expertos. El lector es responsable de sus propias acciones.

La adhesión a todas las leyes y regulaciones aplicables, incluyendo las leyes internacionales, federales, estatales y locales que rigen la concesión de licencias profesionales, las prácticas comerciales, la publicidad y todos los demás aspectos de la realización de negocios en los EE. UU., Canadá, Reino Unido o cualquier otra jurisdicción es responsabilidad exclusiva del comprador o del lector.

Ni el autor ni el editor asumen responsabilidad alguna en nombre del comprador o lector de estos materiales. Cualquier desaire percibido de cualquier individuo u organización es puramente involuntario.

Índice

INTRODUCCIÓN 1
CAPÍTULO 1 - EL MISTERIO DE LA GENTE DE LA MONTAÑA................4
CAPÍTULO 2 - EL ANTIGUO MISTERIO SE REVELA................................14
CAPÍTULO 3 - LOS VASCOS BAJO EL IMPERIO ROMANO.....................21
CAPÍTULO 4 - REGLA BAJO LOS DUQUES, CONDES Y REYES 31
CAPÍTULO 5 - LA EDAD MEDIA 39
CAPÍTULO 6 - LA BAJA EDAD MEDIA..53
CAPÍTULO 7 - EL PERÍODO MODERNO..75
CAPÍTULO 8 - ECONOMÍA...81
CAPÍTULO 9 - EL SIGLO XX 86
CAPÍTULO 10 - TERRORISMO VASCO 100
CAPÍTULO 11 - EL PAÍS VASCO HOY 106
CONCLUSIÓN..122
VEA MÁS LIBROS ESCRITOS POR CAPTIVATING HISTORY 124
BIBLIOGRAFÍA...125

Introducción

Los vascos viven en un país modestamente pequeño, de forma triangular, que se extiende entre la parte más nororiental de España y la parte sudoriental de Francia. Mientras que algunos viven fuera de esta área hoy en día, muchos todavía llaman a esta región su hogar. Estas resistentes personas han vivido en las estribaciones de las escarpadas montañas de los Pirineos desde tiempos prehistóricos, y siguen allí hasta hoy.

Los vascos manifiestan una composición genética que es prehistóricamente distinta de la de sus vecinos de España o Francia. Esto ha desconcertado a los científicos e investigadores durante años. Un estudio genético llevado a cabo por la Universidad de Uppsala en Suecia, en 2015, descubrió que los vascos se establecieron como grupo étnico durante el Neolítico, en algún punto entre 12.000 y 4.500 años atrás.

Los vascos estuvieron aislados de otras migraciones humanas a Europa durante milenios. Los antropólogos dicen que son descendientes de los agricultores del Neolítico que se mezclaron con una cultura de cazadores-recolectores. Unos 850.000 vascos puros viven en España, mientras que 130.000 viven en Francia.

Su lengua es única; es un "lenguaje aislado", lo que significa que no tiene relación genealógica con otras lenguas. No es una de las lenguas "romances", es decir, derivadas del latín. Tampoco se deriva de la familia indoeuropea de lenguas, que es característica de Alemania, Europa o los países eslavos.

El principal agente impulsor del éxito de los vascos a lo largo de los tiempos es la necesidad de supervivencia del pueblo. Durante generaciones, los vascos vivieron en las estribaciones y montañas de los Pirineos. Aprendieron a aprovechar ese terreno desafiante y hacerlo suyo.

En España, los vascos viven principalmente en el sur del País Vasco, que se compone de tres provincias. Álava (o Araba-Álava), Vizcaya (o Bizkaia) y Gipuzkoa son comunidades autónomas vascas españolas, lo que significa que tienen su propia administración y organizaciones políticas, así como sus propios líderes, legislaturas, tribunales y asambleas. Navarra es también una comunidad autónoma, pero se ha separado de las otras tres provincias. Siguen teniendo una relación con el país de España en términos de impuestos y aranceles.

En Francia, muchos vascos viven en el País Vasco Norte, también llamado País Vasco francés. Se encuentra al oeste de los Pirineos Atlánticos. El País Vasco Norte incorpora las tres provincias vascas históricas de Labourd, Soule y Baja Navarra. En 2017, se creó una única mancomunidad en Francia para el País Vasco francés, y se conoce como la Comunidad Aglomerada del País Vasco. El País Vasco francés también se llama *Iparralde*. En vasco, significa la "región del norte".

También hay una diáspora de vascos, que en su mayoría viven en Francia, España, Estados Unidos y Sudamérica, y una curiosa colección de islas francesas llamadas San Pedro y Miquelón.

Se ha realizado un gran esfuerzo en este libro para presentar la explicación más clara posible para dilucidar la historia de estas fascinantes personas. Sin embargo, a través de los estragos de la historia y la rotación de los conquistadores, las fronteras de las tierras vascas se han desplazado, y los nombres de los lugares han cambiado con una frecuencia desconcertante.

Capítulo 1 - El Misterio de la gente de la montaña

El País Vasco

El gran País Vasco, también conocido como *Euskal Herria* (el nombre más antiguo documentado para el hogar de los vascos), está situado en el extremo noreste de España y suroeste de Francia. La región tiene alrededor de tres millones de millas cuadradas, y es el hogar de alrededor de tres millones de habitantes. Es un país montañoso en los Pirineos, pero las alturas de los picos de las montañas dentadas no exceden los 3.500 pies. En invierno, las cimas de las montañas están cubiertas de nieve. El terreno se inclina hacia el fértil valle del río Ebro.

Los vascos tienen playas hechas de arena o de rocas. Las montañas tienen muchas cavernas, algunas de las cuales contienen pinturas de osos realizadas por el hombre primitivo. También existen bosques en esta región, y la región sur del País Vasco incluso tiene un desierto. El clima es fresco y húmedo en el norte, ya que se encuentra en la costa del Atlántico norte.

Hoy en día, el País Vasco es conocido como la región cultural de los vascos, y se divide en tres áreas: la Comunidad Autónoma Vasca en España, la Comunidad Foral de Navarra, e *Iparralde*, o el País Vasco francés. Las provincias del norte limitan con el golfo de Vizcaya. "Bisc" y su variación de "Visc" significa vascones, la mayor tribu histórica de los vascos.

La región cultural vasca está formada por provincias que tienen un gran número de vascos que viven entre personas de otras culturas, principalmente las de origen francés y español. Estas provincias son Labourd (*Lapurdi*), Baja Navarra (*Nafarroa Beherea*) y Soule (*Zuberoa*). El idioma más común de la Comunidad Autónoma Vasca es el *euskara*. Otros fuera de la región lo llaman simplemente el idioma vasco. La región cultural también tiene algunos que hablan francés o español, además de hablar vasco.

Orígenes misteriosos

Las investigaciones arqueológicas parecen indicar que los primeros homínidos llegaron al País Vasco durante el Paleolítico, más concretamente entre 43.000 y 23.000 años atrás, posiblemente incluso antes. La era Paleolítica, también conocida como la Vieja Edad de Piedra, se refiere al primer período prehistórico en el que los humanos desarrollaron herramientas de piedra. Coincide con lo que se llama el Pleistoceno, o la Edad de Hielo, en la que los glaciares comenzaron a retroceder.

Aparentemente los humanos emigraron de Europa del Este a Europa Occidental y finalmente al País Vasco. Su cultura fue llamada Auriñaciense. Los restos óseos de *Homo antecessor* y *Homo heidelbergensis*, junto con herramientas primitivas, fueron encontrados en una cueva llamada El Portalón en Atapuerca, España. *Homo heidelbergensis* es el fósil humano más antiguo del mundo. Algunos creen que el *Homo neanderthalensis* ("Neandertal") descendió del *Homo heidelbergensis*. Sin embargo, la existencia de *Homo heidelbergensis* como una especie separada es muy discutible. Las relaciones entre estas especies arcaicas, ahora extintas, no están claras, pero fueron antepasados de *Homo sapiens*, que son los humanos modernos.

En la región cantábrica, que se encuentra justo al oeste del actual País Vasco, se descubrió arte rupestre en una cueva en la colina de Aitzbitarte, que se remonta a la era Paleolítica. En las cavernas de Isturitz y Oxocelhaya en el País Vasco, situadas en la provincia de Navarra, también se encontraron huesos humanos, concretamente bóvedas craneales utilizadas como recipientes para beber, flautas de hueso y pinturas rupestres de cachorros de león y bueyes. Navarra está en los Pirineos, cerca de la frontera con Francia.

La cueva de Santimamiñe en el País Vasco muestra arte rupestre no solo de bisontes, mamuts lanudos, rinocerontes lanudos, caballos y osos, sino también de leones. Restos fósiles de leones que datan de 191.000 a 11.700 años atrás fueron encontrados en Europa en el período del Pleistoceno. De hecho, esta cueva contiene el esqueleto completo de un león. Nunca se han visto leones y rinocerontes en las zonas salvajes de Europa Occidental durante la historia registrada, especialmente en las regiones montañosas más frías. Sin embargo, es muy posible que los antiguos vascos cazaran leones. La cueva de Santimamiñe, donde se encontraron esos fósiles, está cerca de la costa del golfo de Vizcaya, al oeste de la frontera francesa en los Pirineos.

En la cueva de Gatzarria en los Pirineos franceses, que se encuentra al este del País Vasco, existen restos de los cadáveres de ciervos y bisontes. Hay evidencia de la existencia de Neandertales en este sitio, pero el consenso general es que la población humana allí era menos densa.

Las diferencias entre los ibéricos y los vascos

Como se indica en los estudios que figuran en las Actas de la Academia Nacional de Ciencias de los Estados Unidos de América, Torsten Gunther y otros investigadores de la Universidad de Uppsala en Suecia descubrieron que los antiguos agricultores ibéricos se mezclaron con los "cazadores-recolectores" que ya se encontraban en el País Vasco entre 25 millones y 12.000 años atrás durante la era Paleolítica. Los ibéricos eran los antiguos pueblos que vivían en los actuales países de España y Portugal —la península ibérica, en otras palabras.

El origen de los vascos es controvertido hasta el día de hoy. El lenguaje es frecuentemente usado como una herramienta por los antropólogos para descubrir el origen de una sociedad. Sin embargo, los lingüistas ya han visto diferencias entre la lengua vasca y la lengua ibérica. Además, también han descubierto que el idioma vasco difiere de otras lenguas indoeuropeas. Los análisis lingüísticos concluyen que el idioma vasco puede estar relacionado con el de los cazadores-recolectores que precedieron a los vascos de orientación agrícola, que llegaron durante el Neolítico. Su lenguaje es verdaderamente único. Debido a que los esfuerzos por encontrar similitudes entre el idioma vasco y el antiguo idioma ibérico han fracasado, los dos grupos eran inicialmente distintos entre sí cuando los vascos se asentaron en la tierra. El idioma vasco, o *euskara* como lo llaman los vascos, es un idioma aislado, lo que significa que es un idioma único que es muy diferente a los idiomas hablados en las tierras vecinas. Para determinar el origen de un grupo étnico, los científicos utilizan no solo factores genéticos, sino también el idioma. Los miembros de una misma tribu a menudo hablan la misma lengua, y eso generalmente continúa siendo hablado a través de las generaciones. Sin embargo, a medida que se mezclan y se fusionan con otras tribus a lo largo del tiempo, se infiltran nuevas palabras y nuevas pronunciaciones.

Sin embargo, todavía existe una pregunta sin respuesta. ¿Quiénes eran los cazadores-recolectores que hablaban el idioma vasco y precedieron a los agricultores ibéricos que emigraron al País Vasco?

Los estudios de ADN realizados por el Proyecto Genográfico para la Sociedad Geográfica Nacional han demostrado que la estructura genética del pueblo vasco es diferente a la de los ibéricos. Además, los antiguos iberos poblaron España hace 7.000 años, situándolos en la era Mesolítica/Neolítica (la Edad de Piedra Media/ Tardía). Los vascos, sin embargo, parecen haberse originado en el Paleolítico, por lo que son anteriores a los íberos. Aquellos que fueron llamados "ibéricos" llegaron después de los vascos. De hecho, los estudios de ADN de los vascos muestran que *no* son de origen indoeuropeo, mientras que los ibéricos sí lo son.

Los genetistas han analizado el ADN mitocondrial vasco y han descubierto que hay marcadores cromosómicos similares y otras pruebas de ADN de personas de los montes Urales de Rusia. Están tratando de descubrir si hay una relación entre ambos, pero las pruebas para esa determinación no están claras por el momento.

En resumen, el origen de los vascos es un enigma, y solo el tiempo dirá si surge más información para ayudar a disipar las nubes que rodean sus turbios comienzos.

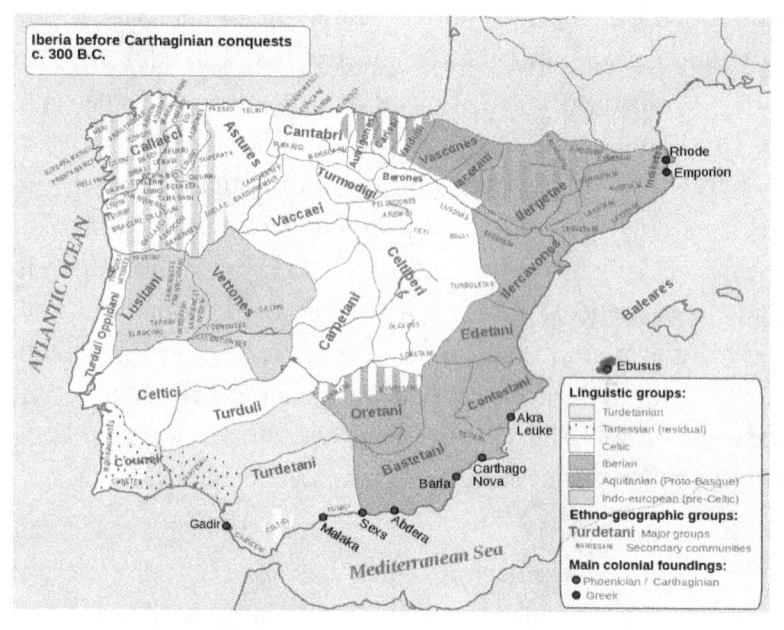

Las tribus vascas de la península ibérica

Las tribus vascas

Las primeras tribus de los vascos eran conocidas como los vascones, los autrigones, los caristios, los várdulos, los vescentanos, los jacetanos, los tarbelos, los sibulates, los bigerriones y los aquitanos. Los territorios ocupados por los tarbelos, los sibulates, los bigerriones y los aquitanos se encuentran en la parte suroeste de la actual Francia. En su libro *"Comentarios sobre las Guerras Gálicas"* (publicado entre 58 y 49 a. C.), Julio César señaló que su tierra "mira entre el sol poniente y la Estrella del Norte". Aunque César los señala en su libro, no fue el primero en hablar de ellos. La primera historia escrita de esa zona coincidió con la llegada del Imperio romano en el 196 a. C., antes del reinado de César.

A través de la historia, el término "vascones" ha llegado a ser asociado con los vascos, pero no hay evidencia de que los vascones fueran los ancestros de los vascos de hoy en día. Algunas de las antiguas lápidas de la era romana llevan nombres de vascones, así que ese es solo uno de los términos que los romanos les aplicaron.

Los vascones

Se ha hecho referencia a los vascones como una tribu, pero la raíz etimológica "Vasco" también puede referirse a todos los vascos. La palabra "vascones" se utilizó a menudo indistintamente con "vascos" a lo largo de la historia registrada, aunque los análisis lingüísticos muestran una fuerte similitud entre la lengua protovasca y la de los aquitanos, una tribu francesa.

Los historiadores antiguos hacen referencia a los vascones, como Livio alrededor del 76 a. C., Plinio el Viejo en el 50 a. C. y Estrabón entre el 63 a. C. y el 14 d. C. durante el reinado de Augusto César.

El término "vascones" también llegó a ser sinónimo de los vascos debido a las similitudes culturales y lingüísticas. A través del análisis lingüístico, se ha determinado que el lenguaje hablado por los vascones prehistóricos era "protovasco", es decir, anterior al actual idioma vasco, el euskara.

Cuando los romanos entraron en conflicto, los vascones llegaron a un acuerdo con Julio César concediendo a Roma el acceso a Iberia, permitiendo a los romanos ir desde la Galia (Francia), a través de los Pirineos, y a través de su territorio. Como parte de su acuerdo, los vascones no fueron sometidos a una fuerte colonización por los romanos durante la República romana. En su lugar, fueron reclutados por los antiguos romanos como soldados mercenarios.

Los aquitanos

Aquitania era una nación tribal que consistía en un número de subtribus. La parte occidental de Aquitania se convirtió en parte del País Vasco. Cuando los primeros pobladores habitaron esta tierra, eran cazadores. La evidencia arqueológica del arte aquitano muestra figuras de animales extintos como el mamut lanudo y el tarpán. El tarpán era un caballo salvaje que era más pequeño que el caballo actual. Además de estas especies extintas, los aquitanos cazaban bisontes, ciervos y cabras. Tenían bueyes y jabalíes, y fueron uno de los primeros en domesticar al perro.

Aunque los aquitanos prehistóricos se convirtieron en agricultores, la agricultura llegó muy tarde, y no se extendió hasta más tarde. Puede haber ocurrido hacia el final del período Neolítico durante la Nueva Edad de Piedra hace unos 12.000 años. Algunos historiadores, sin embargo, contradicen esa opinión basándose en pruebas genéticas. Creen que coincidió con la temprana Edad de Hierro. Hoy en día, la agricultura es la ocupación secundaria de estas personas resistentes. Ahora la tecnología es su principal ocupación.

Julio César describe a la tribu de Aquitania en su famoso libro, *Comentarios sobre las Guerras Gálicas*. Una de las líneas más citadas en su libro es sobre los aquitanos: "Toda la Galia está dividida en tres partes, una de las cuales la habitan los belgas, y la otra los aquitanos". Los belgas eran una colección de tribus que vivían en la Galia. Aquitania estaba en el suroeste de "Celtica", la primera palabra romana para Francia. A los aquitanos a veces se les llamaba "Gallia Belgica", que significa "Galia de pelo largo". César dividió la tierra de los aquitanos en "Aquitania Prima" en el noreste, "Aquitania Secunda" en la región central, y "Aquitania Tertia" en el suroeste.

Durante su campaña para conquistar la península ibérica, los romanos libraron muchas batallas contra la tribu de Aquitania. Sin embargo, ocuparon algunas áreas allí y establecieron asentamientos. Las tribus vascas se dieron cuenta de que no estarían sujetas a la ley romana, y pudieron mantener su cultura y costumbres intactas.

Los autrigones

Estrabón llamó a los autrigones los "Allótrigones", una palabra que significa "gente extraña". También añadió que "los modales rudos y salvajes de esta gente no es solo debido a sus guerras, sino también a su posición aislada". Estrabón se refería al siglo IV a. C. cuando los "Allótrigones" invadieron Cantabria y Burgos, que eran territorios justo al oeste.

Las tribus Caristii y Varduli

Los caristios ocuparon un área a lo largo de la costa del golfo de Vizcaya en la costa norte de España. La cueva de Santimamiñe se encuentra allí. No hay indicios de resistencia a la ocupación romana por parte de estas dos tribus. De hecho, los várdulos sirvieron como mercenarios durante el período romano. Incluso ayudaron a los romanos en la conquista de Britania.

Los jacetanos

El pueblo jacentano era una subtribu de los aquitanos. En 195 a. C., fueron abrumados por el pueblo vescetanos (ver más abajo), que devastó y saqueó sus ciudades y tierras. Las tierras de los jacetanos fueron entonces anexadas y se convirtieron en parte del territorio de los vescetanos.

Los vescetanos

Esta gente podría haber sido la tribu de Aquitania que habitaba en el afluente norte del río Ebro. Los vescetanos podrían haber sido parte de la migración celta al territorio norte de los Pirineos alrededor del 600 a. C. Los vescetanos cooperaron con la conquista romana, pero luego se rebelaron. Bajo el mando del comandante Cayo Terencio Varro, fueron derrotados y los romanos se apoderaron de su territorio.

Pueden haber sido asimilados al territorio de los vascones en el siglo II a. C. porque sus nombres no aparecen en los antiguos textos de Ptolomeo o Estrabón.

Los tarbelos

Los tarbelos vivían en la actual provincia de Labourd en el País Vasco francés. Los lingüistas han identificado su dialecto como relacionado con el de los aquitanos. Julio César los llamó los "Tarbelli de los cuatro estandartes", lo que significa que consistían en cuatro subtribus.

Los sibulates

La historia antigua indica que esta tribu habitaba la actual provincia de Soule en el País Vasco francés. Como los tarbelos, estaban relacionados con los aquitanos. Julio César también los menciona como si hubieran entregado algunos rehenes como muestra de sumisión a los romanos conquistadores.

Los bigerriones

Los bigerriones fueron una de las tribus de Aquitania que se rindieron a Marco Licinio Craso, el teniente de César. El origen del término "Biguerres" podría haber venido de la palabra "ibai gorri", que significa "río rojo". Podría referirse al río Garona que atraviesa Aquitania, ya que ese río tiene un distintivo tinte marrón-rojo.

Las tribus vecinas

Los cántabros

Durante la Edad de Bronce, alrededor del año 2500 a. C., algunos celtas llegaron al País Vasco. Algunos se establecieron en el oeste de la península ibérica, pero otros emigraron al noreste hacia la costa. Algunos se casaron con los indígenas vascos.

Según el senador romano Catón el Viejo, el principal río de Cantabria era el Ebro, que atraviesa los Pirineos. Declaró: "El río Ebro nace en la tierra del Cantábrico, grande y hermoso, con abundantes peces".

Los cántabros hablaban una forma muy temprana de la lengua celta en oposición al *euskara*, la lengua de los vascos. Aunque los cántabros fueron considerados una vez como una de las primeras tribus vascas, ahora se sabe que su origen no es el vasco, sino el celta. En la época romana, los cántabros habitaban un área justo al oeste de las regiones vascas.

Los astures

Los astures habitaban al oeste de Cantabria, a lo largo de la costa del golfo de Vizcaya. Eran matrilineales, lo que significa que las mujeres eran consideradas como las cabezas de familia. Heredaban dinero e incluso luchaban en guerras junto a los hombres.

Capítulo 2 - El antiguo misterio se revela

Los vascos en la era Calcolítica

"Calcolítico" es el término aplicado a la Edad del Cobre, que fue la época que precedió a la Edad del Bronce. Los primeros artefactos de la Edad del Calcolítico en el País Vasco han sido fechados alrededor del 2500 a. C.

El pueblo buscó desarrollar herramientas más maleables que la piedra. En la región vasca se extraía cobre, que se puede fundir para que sea lo suficientemente blando como para martillar en herramientas. Una vez mezclado con estaño, se convierte en bronce.

Los vascos crearon "vasos de campana", como lo hicieron otros pueblos ibéricos. Los vasos de campana eran comunes en los Pirineos Occidentales, que incluyen el territorio vasco. El vaso de campana, que estaba hecho de arcilla de terracota, tenía la forma de un jarrón ancho. Algunos de esos vasos de campana se usaban para calentar cobre fresco. Los vasos de campana también se usaban como recipientes para beber, aunque eran bastante grandes, de los cuales los vascos bebían aguamiel, un vino de miel fermentado. Los vasos de campana también se usaban para guardar grano u otros alimentos y bebidas. La cerámica durante esta época no estaba decorada.

Los vascos en la Edad de Bronce

La Edad de Bronce cubrió el período de 1700 a 700 a. C. El bronce no era tan abundante en el territorio vasco, y se utilizaba sobre todo para usos prácticos, como ollas, o en fortificaciones y ornamentos. Los vascos tuvieron una prolongada Edad de Bronce en comparación con las áreas circundantes. Esto se debió a su aislamiento.

La cerámica hecha por los vascos durante la Edad de Bronce se volvió más decorada. Mucha de ella estaba "encordada", lo que significa que el creador hacía cuerdas con fibras vegetales y las enroscaba en un cordón. Las cuerdas se envolverían alrededor del recipiente. Después de ser removidas, quedaba una impresión decorativa. A veces se les llama "cordones".

También se hacían herramientas y armas de bronce, incluyendo hachas, lanzas y puntas de flecha.

Costumbres funerarias vascas

Para conmemorar a sus muertos, los vascos prehistóricos construyeron dólmenes, que son monumentos que consisten en dos inmensas piedras verticales que sostienen una piedra horizontal. Estos estaban hechos en su mayoría de piedra caliza, que era la piedra más común en el País Vasco. La mayoría de las tumbas vascas eran tumbas comunes, pero algunas tenían cámaras. Como era de esperar, la gente de las clases altas era enterrada en las tumbas con más de una cámara. En la Edad de Hierro, los cuerpos eran incinerados.

Era importante que los entierros se hicieran cerca de los pueblos que la gente había habitado antes. Algunas familias incluso enterraban a sus seres queridos debajo de sus casas.

En años posteriores, después de que los vascos fueron cristianizados, fueron enterrados cerca de las iglesias a las que asistían. Se tallaron cruces en sus lápidas. Las campanas sonaban para los funerales, y los golpes eran diferentes para los hombres que para las mujeres. Se esperaba que los dolientes hicieran donaciones a la familia en duelo, especialmente si el difunto tenía hijos muy pequeños. En las bodas, era costumbre que los novios visitaran las tumbas de sus parientes cercanos. Era una forma de "presentar" a la familia a la nueva pareja. La novia llevaba velas y flores para simbolizar el respeto y el amor por los fallecidos.

Cuando la familia visitaba las tumbas de sus seres queridos, podían dejar un trozo de madera tallado en forma de persona y recubierto de cera.

Los vascos en la Edad de Hierro

La Edad de Hierro, que siguió a la Edad de Bronce, llegó al País Vasco alrededor del 600 a. C. Las costumbres de entierro cambiaron durante ese período. En lugar de entierros colectivos en montículos, los cuerpos eran cremados y luego enterrados dentro de círculos de piedra llamados cromlechs.

Durante la Edad de Hierro, los vascos se volvieron más agrícolas. Se cultivaban cereales como el mijo, el trigo y la quinua.

Mitología y religión vasca

Cada pueblo tenía sus propios dioses y diosas. Una de las diosas más populares era Mari (o Maddi), la diosa principal de la religión vasca. Ella era la "madre tierra". Mari estaba simbolizada por un disco redondo llamado *luburu*. Cuando la gran diosa estaba en su morada subterránea, se la mostraba en forma de animal, que era un caballo, una cabra o un buitre. Los vascos vivían en las montañas, y veían las cuevas como lugares seguros para vivir.

Cuando se exhibía durante el día, Mari era representada como una hermosa mujer de pelo largo con una túnica roja y un dragón a sus pies. Mari tenía una corona dorada en su mano derecha. Su consorte era Sugaar, y Mari se unía ocasionalmente a Sugaar para crear tormentas. Estas tormentas eran beneficiosas para el pueblo porque traían la tan necesaria lluvia para sus cosechas, aunque a veces eran destructivas. Sugaar era representado a veces como una serpiente macho. Mari y Sugaar tuvieron dos hijos: Atarrabi (o Atxular), que representa el bien, y Mikelats, que representa el mal.

La historia de la creación vasca es muy similar a las que cuentan otras culturas del mundo. Al principio, no había nada más que oscuridad. Entonces Mari dio a luz a una hija, Ilargi, la luna. Cuando la gente de Mari se quejó de que la luna no daba suficiente luz, Mari dio a luz a otra hija, que era Eguzki, el sol.

Por la noche, los terrores que acechan a la tierra eran a veces extremos, así que Mari dio a su pueblo la flor del sol, que se conocía como Eguzkilore. Era una flor que se parecía a un cardo. Aconsejó a su gente que exhibieran esta flor en sus puertas para protegerse de los fantasmas de la noche.

Los vascos seguían un culto ctónico. Promovía la creencia en un inframundo. El inframundo al que atribuían no estaba necesariamente bajo la tierra en sí; era más bien un lugar para la corriente subterránea de deidades, que influenciaba a la gente y los eventos. Los vascos apreciaban muchas leyendas, algunas de las cuales contenían seres llamados *mairuak*, que eran los gigantes constructores de sus monumentos funerarios, cromlechs y círculos de piedra. Los *jentilak* eran una raza de poderosos gigantes que construyeron monumentos megalíticos. Los *iratxoak* eran imps, los *sorginak* se referían a brujas y sacerdotisas, y los *basajaunak* eran los hombres y mujeres salvajes de los bosques.

Durante la época medieval, una leyenda vasca local cuenta que los vascos eran descendientes de Tubal, el nieto de Noé. Tubal era uno de los hijos de Jafet. Jafet y Tubal procedían de una antigua tribu bíblica que partió de Mesopotamia y se asentó en Iberia a lo largo del río Ebro.

A lo largo de los años, incluso durante la era prehistórica, los cuentos sobre los dioses y las diosas han cambiado. En la ciudad de Biarritz, en la provincia de Labourd, por ejemplo, la gente enseñaba que Mari no habitaba en la cueva, sino en las montañas más altas. Esa leyenda instruye al pueblo que Mari dividió a la gente en dos grupos: la gente que vivía durante el día —el *egunekoak*— y la gente que vivía de noche —el *gauekoak*. El pueblo no siempre fue visto como humano; eran seres desencarnados o espíritus de los muertos.

La muerte en la mitología vasca

En primer lugar, los vascos se centraron en la importancia de una "buena muerte". Según un destacado antropólogo vasco, Annuntxi Arana, las historias orales se transmitían de generación en generación, y destacaban el hecho de que una "buena muerte" implicaba que la persona vivía una buena vida. Las oraciones en nombre del moribundo eran esenciales para mantener a raya a los espíritus malignos. Una "mala muerte", es decir, una muerte violenta, era obra de una intervención mágica. Otro signo de una muerte mala o problemática era el clima cercano al momento de la muerte.

La gente a menudo usaba amuletos para protegerse de los malos espíritus que se sentían atraídos por los que estaban muriendo.

Entidades míticas llamadas *lamiak* eran espíritus buenos que vivían cerca de las vías fluviales. Eran lo opuesto a las sirenas mitológicas de la mitología griega, que permitían que los barcos de los hombres se estrellaran en la orilla rocosa. En cambio, los *lamiak* ayudaban a la gente cuando estaban necesitados siempre que los suplicantes dejaran regalos. Se creía que los *lamiak* ayudaban en el nacimiento de un niño. También eran convocados cuando alguien estaba a punto de morir para que pudieran ayudarlos. Eran, en esencia, "brujas buenas".

Las mujeres amables también existían fuera de los mitos. A veces, las mujeres proporcionaban remedios herbales para aliviar el dolor del sufrimiento. Prestaban sus servicios no solo a los que estaban muriendo, sino también a los que simplemente necesitaban algún tipo de tratamiento.

Los primeros vascos creían que los espectros y símbolos de la muerte visitaban a la gente para alertarla de una muerte inminente, ya fuera la suya propia o la de alguien cercano a ellos. Algunos típicos presagios de muerte eran el canto de un gallo durante la noche o el incesante ladrido de los perros.

En algunas interpretaciones, la diosa vasca Mari habitaba en el mundo de los muertos, una cueva, por así decirlo. Ella simbolizaba el paso de una persona que se movía de la tierra de los vivos al inframundo. Debe notarse que el inframundo vasco no era visto como un lugar negativo como el infierno. En cambio, era la cueva de los espíritus. Los muertos podían resucitar en la tierra de los vivos como un aliento o un viento suave, y podían vivir cómodamente entre los vivos. Sin embargo, si una persona dejaba un asunto serio sin resolver, eso podía conjurar su espíritu en el mundo despierto. Estas visitas a veces iban acompañadas de ruidos extraños por la noche, y se esperaba que la persona que estaba siendo "advertida" encontrara alguna manera de hacer una restitución por su ofensa.

La vida después de la muerte

Según los vascos, cuando una persona moría, se transformaba en otro modo de existencia. Si su vida era buena, iban por el camino del inframundo y de la cueva de Mari. Entonces serían llevados a una tierra de paz, abundancia y felicidad abrumadora. Si habían cometido ofensas durante su vida, y siempre que esas ofensas no fueran demasiado numerosas o severas, se les hacía vagar por un tiempo en la oscuridad, buscando la cueva de Mari. Cuando la encontraban, eran bienvenidos. Sin embargo, si una persona era verdaderamente malvada, se veía obligada a vagar en la oscuridad, acosada por espíritus malignos para siempre.

La cueva utilizada en la mitología vasca se relaciona con su prehistoria temprana, durante la cual necesitaban refugiarse de los glaciares o del clima a través de las tormentas. Para los vascos prehistóricos, las cuevas eran lugares seguros.

Capítulo 3 - Los vascos bajo el Imperio romano

Los vascos durante las guerras púnicas y la conquista romana

En el siglo III a. C., Cartago, una ciudad portuaria del norte de África, se interesó por el comercio y quiso expandirse para poder incluir colonias alrededor del Mediterráneo. En el 246 a. C., Cartago se vio envuelta en un conflicto masivo con Roma, que también se estaba expandiendo. Estos enfrentamientos fueron conocidos como las "guerras púnicas", por el término romano de Cartago. Hubo tres guerras púnicas en total.

Aunque los vascones trabajaron una vez para los romanos como mercenarios, durante las guerras púnicas, lucharon del lado de los cartagineses. Por lo tanto, las tribus vascas no siempre fueron mercenarios para Roma. Todo dependía de las circunstancias en las que fueron contratados y del año de los compromisos.

Los cartagineses anexaron y colonizaron ciudades alrededor del mar Mediterráneo y establecieron el Imperio cartaginés. Entre los años 237 y 218 a. C., los cartagineses se infiltraron audazmente en la península ibérica y viajaron hacia el norte. Al llegar a las zonas del lejano norte, se encontraron con los vascos. A los cartagineses no les interesaba colonizar el País Vasco, al que llamaban "Vasconia", pero dependían de los vascos para que se convirtieran en mercenarios que les ayudaran a conquistar nuevas tierras. Muchos vascones sanos aceptaron fácilmente ese papel y se les pagó con oro y plata. En el 216 a. C., los vascones marcharon con Aníbal a través de los Alpes y hacia Italia. Aníbal, sin embargo, no pudo marchar sobre la propia Roma porque carecía de motores de asedio.

La propia ciudad de Cartago fue destruida en el 146 a. C., y una vez que los vascones y otras tribus vascas vieron esa destrucción, se mostraron reacios a enfrentarse a los romanos nunca más.

La guerra sertoriana

Los romanos trajeron su guerra civil con ellos cuando ocuparon España. Entre los años 88 y 80 a. C., dos cónsules romanos, Cayo Mario y Lucio Cornelio Sila, se enfrentaron, ya que ambos querían el control total de los territorios romanos.

Quinto Sertorio era el gobernador de Hispania. Se le consideraba un gobernador moderado, y trataba al pueblo conquistado con justicia. Debido a los conflictos políticos en Italia, Sertorio se convirtió en un romano rebelde.

Sertorio apoyó a la facción mariana, pero cuando Sila ganó la guerra civil y se convirtió en un tirano en Roma, Sila envió una fuerza a Hispania para derrotar a Sertorio y sus partidarios. Sertorio entonces huyó a Tingis en el norte de África (cerca de Marruecos). Para su sorpresa, Sertorio se encontró con emisarios de los lusitanos, una tribu hispana del noroeste de la península. Habiendo oído hablar de su reputación, los lusitanos trataron de reclutarlo para protegerse de los soldados romanos enviados por Sulla. Creyendo que podría ser capaz de obligar a Roma a deshacerse de Sulla, Sertorio regresó a Hispania y reunió una fuerza de romanos rebeldes con ideas afines. Tuvo un éxito inicial e incluso derrotó al gobernador romano de la Hispania Ulterior (el término latino para la península ibérica).

Sertorio envió entonces a su comandante, Lucio Hirtuleio, quien destituyó al gobernante nombrado por Sila en la Hispania Citerior (la costa oriental de la península ibérica) y en la Hispania Tarraconense (que abarcaba gran parte de la España actual). Debido a la amenaza sertoriana, Sila elevó el estatus de Hispania a una provincia proconsular y envió a Quinto Cecilio Metelo Pío para que actuara como gobernador. Pío envió a su propio comandante, Domicio Calvino, para tomar la Hispania Ulterior. Fue bloqueado por las fortificaciones construidas por Hirtuleyo.

Hirtuleyo y sus hombres libraron una esporádica guerra de guerrillas. Poco a poco, las fuerzas romanas se desplazaron hacia el interior, y Sertorio trató de combatirlas. Cuando Metelo Pío descubrió esto, envió sus propios ejércitos. Sin embargo, después de muchos ataques exitosos de Sertorio, Metelo Pío pidió refuerzos de la Galia Transalpina. Cruzaron los Pirineos y libraron una batalla con Hirtuleyo, pero fueron derrotados y obligados a retirarse a la Galia.

La batalla de Lauron

Roma entonces despachó a Gneo Pompeyo Magno, más conocido como Pompeyo, para tomar el control de los territorios españoles de Sertorio. En el 76 a. C., Pompeyo marchó a lo largo de la costa mediterránea de Hispania hacia la ciudad de Lauron. Sus tropas necesitaban suministros y enviaron hombres a buscar comida. Sertorio los acosó cuando regresaron para unirse a las tropas, pero luego Sertorio envió sus divisiones de infantería con armadura pesada desde el bosque, que fueron seguidas por la caballería de Sertorio.

Cuando Pompeyo descubrió la situación de los forrajeros, envió una legión, pero fue rotundamente derrotada. Afortunadamente para él, todavía le quedaba una fuerza considerable.

Metelo Pío se unió a Pompeyo. Continuaron trabajando su camino hacia el norte a través de la Hispania media. Pompeyo entonces decidió evitar a los romanos y moverse hacia el norte de Hispania.

La batalla de Itálica

Esta batalla, librada en el 75 a. C. entre las fuerzas de Hirtuleyo y Metelo Pío, ilustra algunas de las famosas tácticas del ejército romano. Metelo Pío atacó primero los flancos más débiles de cada lado y luego rodeó a los guerreros sertorianos en el centro. Funcionó bien, y Metelo Pío y los romanos ganaron. Hirtuleyo perdió más de 20.000 hombres.

Pamplona

En el invierno del 75 d. C., Pompeyo se trasladó más al norte del Ebro y se detuvo en una ciudad llamada Iruna, a lo largo del río Arga (conocido como el río Runa en la historia contemporánea). Sintió que era ideal para su campamento. El río Arga es un afluente del Ebro en la actual provincia vasca de Álava. Esto estaba en el corazón del territorio vascón.

Pompeyo descendió sobre Iruna y lo llamó "Pompaelo" (Pamplona), que lleva su nombre. La ciudad se encontraba en un lugar estratégico, ya que estaba cerca de la frontera de Galia (Francia), La Rioja y Aragón (estas dos últimas zonas son provincias de Hispania). Las tres áreas estaban cerca de los Pirineos y de la frontera de la Galia. En la antigüedad, La Rioja estaba habitada por los autrigones y los vascones. Además, estaba habitada por los berones, que era una antigua tribu celta.

Cuando Pompeyo llegó, inmediatamente hizo que sus fuerzas construyeran pesados muros de piedra alrededor de la ciudad. Esos muros de piedra han sido modificados y reconstruidos muchas veces a lo largo de la historia. Los restos de estos muros todavía están en pie hoy en día. A veces se ampliaron para encerrar asentamientos protegidos pertenecientes a los romanos y a otros grupos étnicos más tarde.

Fracturas

Elementos divisorios surgieron entre los iberos y las fuerzas sertorianas romanas. Los romanos abusaron de los íberos, lo que, por supuesto, encendió el descontento. De hecho, el mismo Sertorio se estaba volviendo paranoico, aunque probablemente por una razón justificable. Aprovechando la fricción que se había desarrollado entre los íberos y las tropas romanas bajo Sertorio, Metelo Pío hizo una oferta. Cualquier romano que traicionara a Sertorio recibiría una recompensa de 100 talentos de plata y 20.000 acres de tierra. En el 73 a. C., uno de los comandantes romanos de Sertorio, Marco Perperna Vento, organizó algunos conspiradores, y asesinaron a Sertorio.

Perperna intentó recuperar el apoyo de los sertorianos, pero Pompeyo le tendió una trampa. Pompeyo usó la vieja táctica de la retirada fingida. Reunió diez cohortes y se retiró rápidamente en medio de la lucha. Tan pronto como Perperna y sus fuerzas se apresuraron a enfrentarse a ellos, los hombres de Pompeyo de repente dieron la vuelta y los sorprendieron. Fue una masacre.

Pompeyo regresó con una venganza, y finalmente derrotó a Sertorio y sus fuerzas en el sur de España. Los vascones entonces regresaron a su tierra natal. El antiguo cronista Livy indica que hubo poca romanización de los territorios vascos durante la ocupación romana porque Vasconia era muy montañosa. Por lo tanto, los vascones y otras tribus vascas estaban relativamente libres de la intrusión y control romano. Ser soldados mercenarios en lugar de sujetos romanos era una ventaja para ellos.

La expansión romana bajo Craso

En el 58 a. C., el general Publio Licinio Craso conquistó algunas de las tribus de Aquitania al norte y al este de Pamplona. Hoy en día, ese territorio aquitano es ahora la Comunidad Autónoma Vasca de Navarra. Los sociates, una tribu gala de Aquitania, lucharon mal en las batallas contra Craso. Esto se debió a que dejaron su retaguardia débil, lo que resultó en una victoria romana. Según César en su libro

Comentarios sobre las guerras galas, "Por fin, después de fuertes bajas, un gran número de enemigos huyeron del campo de batalla. Un gran número de ellos fueron asesinados".

Julio César ayudó a Craso a expandir el territorio romano y se enfrentó a Vercingetorix, el cacique de la tribu Arverni de la Galia. Unió un número de tribus galas para rebelarse contra los romanos. Sus fuerzas se enfrentaron a César en la batalla de Gergovia en el 52 a. C. Vercingetorix ganó, pero fue posteriormente derrotado por los romanos en Alesia en el mismo año.

Es interesante notar que César hizo una clara distinción entre el lenguaje de los aquitanos y el de los galos. Los aquitanos hablaban una forma de "protovasco", el precursor del idioma vasco, mientras que los galos hablaban un idioma celta.

Las guerras cántabras

En el 29 a. C., los romanos invadieron la zona montañosa habitada por los astures y los cántabros. Durante una parte de las guerras, el general astur fue Gausón, mientras que el comandante cántabro fue Corocotta. Cantabria estaba situada a lo largo de la costa norte de Hispania. El antiguo historiador Lucio Flores escribió que era "la parte que linda con los acantilados donde terminan los Pirineos y es bañada por las aguas más cercanas del océano".

El ejército romano sería eventualmente supervisado por el propio emperador, César Augusto. Una victoria sobre los Astures haría brillar el reinado de Augusto, ya que los astures eran conocidos por su ferocidad y habilidad en el uso de armamento ligero. Esta tribu vasca vecina también usaba una raza especial de caballo llamado el Asturcón, llamado así por los astures. Es un caballo corto y robusto, y fue descrito por primera vez por el antiguo historiador Plinio el Viejo. El caballo se sigue criando hoy en día.

En aquella época, Cantabria era una región independiente ocupada por los celtíberos, y los astures vivían en un territorio justo al oeste de ellos. Los astures y los cántabros acordaron cooperar para poder luchar contra los romanos. En el 26 a. C., Augusto César estableció su campamento en Segisama (actual Sasamón, España), justo al este de Cantabria, con unos 70.000 hombres. Dividió sus fuerzas en tres divisiones, lo que hicieron también los cántabros y los astures.

El asedio de Aracillum

En el 25 a. C., los romanos irrumpieron en las montañas cantábricas con unos 25.000 hombres y se dirigieron a la ciudad de Aracillum. Los cántabros tenían el mismo número de guerreros. Los cántabros tenían un fuerte en la colina allí con cerca de doce millas de muros, almenas y trincheras. Las fuerzas romanas bajo Augusto César y Cayo Antistio Veto sitiaron el fuerte de Cantabria. Aunque los cántabros fueron capaces de resistir durante bastante tiempo, finalmente se quedaron sin suministros. Esta fue una clara victoria romana.

Los cántabros evitaron ser tomados prisioneros al suicidarse. De hecho, esta era la costumbre de ambos, los cántabros y los astures. Usaban un veneno hecho de tejo.

La batalla de Vellica

Durante el mismo año, los cántabros atrajeron a Augusto César y sus fuerzas, que eran poco más de 5.000 guerreros, a la llanura de Mave. Normalmente, cuando los cántabros tenían que luchar en un área abierta, preferían establecer su campo de batalla para situar una frontera natural a las espaldas de los enemigos. Los romanos pensaron que esa maniobra era inteligente y le dieron el nombre de circulus cantabricus, que significa "círculo cántabro". En el caso de Vellica, no iba a funcionar.

Aunque podrían haber usado su fortaleza en la colina como base de operaciones, los cántabros no tenían suficientes suministros para defender el fuerte. Puede que hubieran invitado a un asedio que no pudieron soportar. A pesar de que los cántabros trataron de pensar lógicamente en la batalla, los romanos ganaron fácilmente y se dirigieron hacia el oeste, hacia la tierra de los astures.

La batalla cerca del río Astura

En la primavera, tres legiones romanas bajo Augusto César se prepararon para atacar la tierra de los astures. Según los antiguos académicos, el ejército astur descendió en masa por las montañas nevadas. La primera fase consistió en una serie de ataques estilo guerrilla. Los astures se dirigieron entonces hacia su ciudad fortificada de Lancia. Desafortunadamente, una división de los astures traicionó a sus compañeros guerreros y le dio a Augusto César una advertencia anticipada sobre las fortificaciones de Lancia.

Los romanos atacaron Lancia y sitiaron la ciudad. Aunque los registros antiguos no son claros, el comandante astur Gausón fue capturado y ejecutado en Lancia o murió allí durante el asedio.

La batalla del monte Medulio

Después de eso, el ejército astur se refugió en el monte Medulio. Los romanos cavaron una enorme zanja (¡de 18 millas de largo!) y un foso a lo largo de la montaña para evitar que los astures escaparan. Una vez que se dieron cuenta de que no podían repeler a los romanos, los astures comenzaron a suicidarse. Según el antiguo historiador Florus, "Los bárbaros, viendo que su última hora había llegado, compitieron entre ellos para acelerar su propia muerte en medio de un banquete con fuego, espada y un veneno comúnmente extraído del tejo".

Después, los romanos apostaron dos legiones para vigilar a los que quedaban. Los arqueólogos han desenterrado desde entonces un busto bien conservado de César Augusto en Zaragoza, una provincia de Tarazona, España.

Hispania fue dividida por el general de César Augusto, Marco Vipsanio Agripa, en Lusitania, Bética, Cantabria y el País Vasco.

La posterior participación romana

Después de eso, los romanos tendieron a colonizar zonas limitadas en las regiones de la costa norte de Hispania, y existe poca historia escrita sobre sus relaciones con los vascos en la región de los Pirineos. Los romanos permitieron que los vascos continuaran su vida como antes, excepto por alguna actividad limitada en la costa norte de Hispania, que tenía acceso al golfo de Vizcaya y al mar Céltico justo al norte de allí. La mayoría de los intereses romanos se encontraban en el sur de Hispania a lo largo del mar Mediterráneo.

A lo largo de la historia antigua, se dijo repetidamente en los textos que los vascos nunca fueron totalmente conquistados por los romanos.

Durante el reinado del emperador Diocleciano (284-305 d. C.), el País Vasco fue una porción de lo que él llamó "Novempopulania", también conocida como "Aquitania Tertia". Había una mezcla de pueblos en esa área, ya que algunos eran de origen hispano, otros de origen vasco y otros de origen francés.

Las zonas del norte del País Vasco tenían minas de plata, que se utilizaban para producir la moneda para pagar a las tropas romanas. Los arqueólogos del País Vasco han desenterrado varias de estas monedas. Están inscritas con la palabra "IMON", que significa "Barcunes", el término romano para "vascones". Esas monedas fueron hechas hasta el año 45 d. C.

En el 409 d. C., las fuerzas vasconas ayudaron a los romanos a combatir a los bárbaros germánicos, los alanos, los suevos y los vándalos, que habían empezado a infiltrarse en el Imperio romano. En el 418 d. C., los visigodos invadieron. Los romanos se vieron abrumados por estas tribus, y redactaron un tratado con los visigodos. A cambio de expulsar a los alanos, suevos y vándalos de Hispania, el

Imperio romano concedió a los visigodos enormes segmentos de tierra en el noreste, este y sureste de Hispania que podían colonizar.

Aunque no hubo una fuerte colonización en la tierra de los vascos, existen muchos edificios históricos de piedra que presentan el estilo románico de cúpulas y arcos suavemente ahusados con cientos de figuras talladas.

En el año 476 d. C., el Imperio romano de Occidente se derrumbó, y hubo una lucha por la posesión de las regiones en la zona cercana a los Pirineos.

Capítulo 4 - Regla bajo los duques, condes y reyes

Estados feudales de la temprana Edad Media

Durante la Edad Media, el país de los vascos era generalmente conocido como Vasconia, por el nombre de su tribu más prominente. Estaba encajonado entre el río Garona, en el actual suroeste de Francia, y el río Ebro, en el noreste de España. El río Ebro atraviesa el territorio vasco.

En 481, los visigodos anexaron algunas áreas vascas circundantes, pero nunca conquistaron completamente todo el País Vasco, que era más grande entonces de lo que es hoy. En el 500 d. C., los visigodos controlaban las regiones tribales del norte de España, el suroeste de Aquitania, excepto el País Vasco en el noreste, y Cantabria, que estaba justo al oeste de allí.

Evolución de los tres ducados

Las fronteras de la actual región vasca se vieron profundamente afectadas por los acontecimientos del siglo VI y hasta la Edad Media. Las fronteras de Francia e Hispania siguieron fluctuando, ya que Francia y los visigodos lucharon entre sí.

En 507 d. C., Aquitania todavía era conocida por el término césico "Gallia Aquitania". Durante el mismo año, el primer rey de los francos fue Clodoveo I. Él comenzó lo que se llamó la dinastía merovingia. Clodoveo y sus descendientes siguieron dividiendo la Galia en áreas más pequeñas, creando inestabilidad. En ese momento, los visigodos invadieron las fronteras suroccidentales de la Galia en el territorio vasco.

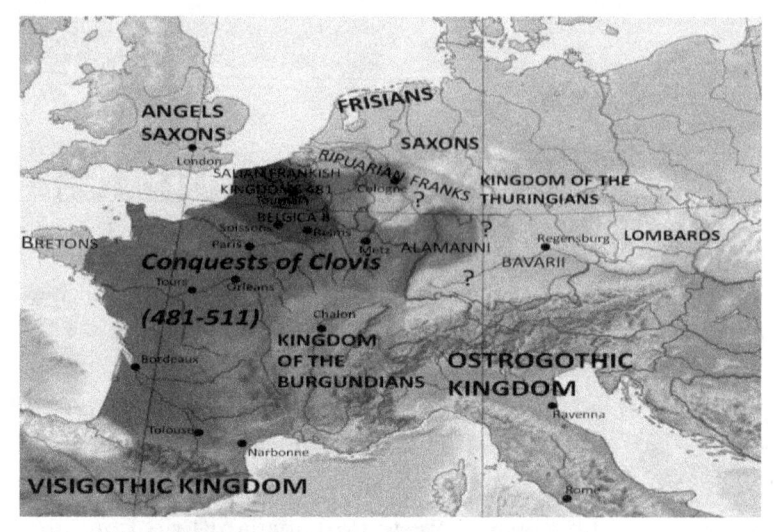

Los territorios vascos muestran las invasiones de los visigodos y los francos

Algunas tribus góticas más pequeñas vivían en Cantabria y Vasconia. En el año 574 d. C., el rey Liuvigildo de los visigodos marchó contra las tribus góticas, los cántabros y los vascos, invadiendo y anexando dos de las principales ciudades cántabras que se encontraban a lo largo de la costa del golfo de Vizcaya.

El ducado de Cantabria

En el mismo año 574 el rey Liuvigild creó el ducado de Cantabria después de masacrar a sus habitantes. Cuando creó Cantabria, Liuvigild absorbió algunos territorios de los vascones, pero los astures del oeste continuaron rebelándose. Utilizó Cantabria como zona de amortiguación entre la tierra de los astures, que estaba justo al oeste de allí, y el ducado de Vasconia, que pasó a llamarse ducado de Gascuña.

El ducado de Gascuña

En el año 629, uno de los sucesores de Clodoveo, Chariberto II, sofocó a los vascos rebeldes. Tenía el control de Aquitania y Gascuña en virtud de su matrimonio con Gisela, la heredera de Gascuña.

Los conflictos entre los visigodos, los cántabros, los vascos y los francos continuaron. Geográficamente, Gascuña se encontraba en una zona en forma de codo entre la actual Francia y España, pero las fronteras seguían cambiando.

El ducado de Aquitania

En el año 602 d. C., se estableció el ducado de Aquitania. En 660, Félix de Aquitania fue puesto a cargo de las áreas dentro de los Pirineos, que incluían tanto el ducado de Gascuña como partes del ducado de Aquitania. Los francos gobernaban solo de nombre en este punto, ya que el ducado de Gascuña era el verdadero poder de la región. Félix se hizo amigo de los vascos y de los aquitanos, y llegó a un acuerdo con ellos convirtiéndolos en *foederati*. Este fue un acuerdo en el que el señor cambió su protección y lealtad por servicios militares contra un enemigo. En ese momento, a los aquitanos se les permitió un grado de autonomía dentro de Francia.

El acuerdo *foederati* fue ejercido por un posterior sucesor de Félix, Odo el Grande. Se convirtió en el duque de Aquitania en el 700 d. C. bajo la dinastía merovingia franca. En la batalla de Toulouse del año 721 d. C., los vascos se enfrentaron a los sarracenos (musulmanes) de la dinastía omeya, dirigidos por Abdul al-Rahman al-Ghafiqi. Eso le valió a Odo el epíteto de "el Grande". A pesar de ese título, Odo perdió la posesión de la histórica provincia vasca de Sobrarbe en el año 724 d. C. Hoy en día, ese territorio forma parte de Aragón en España.

Cuando la amenaza musulmana se aceleró, el famoso líder franco Carlos "El Martillo" Martel atravesó Aquitania, se unió a Odo el Grande y se enfrentó a los musulmanes en Tours en 732 d. C. Al-Ghafiqi fue asesinado, y su ejército se dispersó. La batalla de Tours fue una victoria franco-aquitana, y es históricamente significativa, ya que mantuvo a los musulmanes fuera de la Galia. Es interesante notar que los musulmanes minimizaron el papel de esa victoria en sus historias.

Sin embargo, el mundo occidental lo vio como un triunfo del cristianismo sobre el islam. En realidad, solo ocurrió en Francia. Ese arreglo continuó bajo el hijo y sucesor de Odo, Hunaldo I, duque de Aquitania.

Hunaldo fue sucedido por su hijo, Waiofer (también conocido como Waiofar o Waifer), en 745. Mientras tanto, Carlos Martel y los líderes francos estaban ansiosos por unir todos estos ducados bajo una sola monarquía. Tras la muerte de Carlos Martel, sus hijos, Carlomán y Pipino el Breve, intentaron arrebatar el ducado de Aquitania a Waiofer. Pipino le pidió a Carloman que le ayudara a obtener Aquitania. Carlomán se negó, así que Pipino reunió un ejército para derrotar a Waiofer.

Cuando Waiofer quiso negociar la paz, Pipino le ignoró, diciendo que había confiscado las tierras de la Iglesia a las que no tenía derecho, y marchó a Aquitania. Waiofer reclutó entonces a algunos de sus propios partidarios franceses, junto con las tribus vascas. Según una fuente histórica contemporánea, *The Chronicle of Fredegar*, en el 765 d. C., Waiofer se enfrentó a Pipino "con un gran ejército y muchos vascones [gascones] del otro lado de la Garona, que en la antigüedad eran llamado Vaceti [vascos]".

En ese momento, Pipino se apoderó de muchos de los territorios de Aquitania, devastó los viñedos y quemó las villas que encontró. En el 766 d. C., los propios hombres de Waiofer lo abandonaron. Sin embargo, los disturbios continuaron. La familia de Waiofer fue capturada y ejecutada. Pipino sugirió a los propios hombres de

Waiofer que lo mataran, lo que hicieron en el 768 d. C. Pipino también murió en 768, pero antes de hacerlo, dejó la tarea de ocuparse de los restos de la rebelión a sus dos hijos, Carlos I, más tarde conocido como Carlomagno, y Carlomán I. Aunque Carlomagno pidió la ayuda de Carlomán, nadie se la dio, pero se las arregló bastante bien sin ella. Carlomagno hizo entrar a su ejército y se hizo cargo del resto de Aquitania. El hijo de Waiofer, Hunald II, se había refugiado en Gascuña y estaba bajo la protección de Lupus, duque de Gascuña. Carlomagno exigió que Lupus terminara con esa protección. Aterrorizado por el poderoso Carlomagno, Lupus se apoderó de Hunaldo II junto con su esposa y se los entregó a Carlomagno. Luego le rindió homenaje a Carlomagno.

La autonomía era importante para los aquitanos, pero se perdió en el 769 d. C., ya que la provincia cedió ante el protectorado franco.

Carlomagno

A finales de 771, Carlomán I murió, y el reino de Francia quedó bajo el único gobierno de su hermano, Carlomagno. Carlomagno asignó entonces el ducado de Aquitania y el ducado de Gascuña a su hijo, Luis. Hubo numerosas rebeliones en Gascuña debido en gran parte a los disturbios resucitados por los vascos, que se resentían a la dominación franca, y por la cercana dinastía musulmana de Banu Qasi. Su territorio estaba justo al sur de Gascuña en el valle superior del río Ebro. Los Banu Qasi pertenecían a la dinastía Muwallad, que eran de ascendencia mixta, pero se habían casado con los musulmanes o estaban bajo su influencia. Los Muwallad formaban parte del emirato Omeya de Córdoba.

Pamplona era la capital del ducado de Gascuña, y estaba habitada por los vascos y los musulmanes. Hubo algunas luchas allí, pero se practicaba un moderado grado de tolerancia dentro de Pamplona entre los musulmanes y los vascos. Eso se debió a los esfuerzos del predecesor de Carlomagno, Pipino el Breve. Pipino había hecho un pacto con los musulmanes para permitir el cristianismo en Pamplona siempre y cuando los cristianos pagaran la jizya, un impuesto especial pagado al emirato de Córdoba. El emirato de Córdoba era la administración musulmana que controlaba la mayor parte de España.

El desastre de Carlomagno

Para imponer el cristianismo a estas personas, Carlomagno primero derribó las murallas de Pamplona y luego casi destruyó la ciudad. Tanto los vascos cristianos como los musulmanes estaban indignados y planificaron una venganza. La religión no era un problema para los vascos; sin embargo, la ocupación de su territorio sí lo era.

En un esfuerzo por expandir su imperio franco a la España musulmana, Carlomagno atacó Zuberoa en el 778 d. C. Zuberoa es la histórica provincia vasca de Soule. Era (y es) una provincia vasca. Los musulmanes tenían como aliados a los vascos, que se habían convertido por la fuerza al cristianismo. Carlomagno se encontró con los vascos en el traicionero paso de Roncevaux. Este era un estrecho sendero de montaña con una elevación de 3.500 pies. Los vascos, que eran veteranos combatientes de montaña, separaron la retaguardia de las fuerzas francas junto con sus suministros. Según los *Annales regni Francorum* (los anales francos reales), "Los francos eran superiores a los vascones [vascos] tanto en armamento como en valor, pero la rugosidad del terreno y la diferencia en el estilo de combate los hacía [a los francos] generalmente más débiles".

La retaguardia que había quedado atrás en la batalla fue masacrada "hasta el último hombre", al menos según los historiadores medievales posteriores. El conocido luchador de Carlomagno, Roland, también murió durante este desastre militar. Esta gran batalla fue conmemorada en el poema *La canción de Roland*. Lamenta la pérdida de Francia, hablada como si fuera la boca de Roland: "¡Oh tierra de Francia, oh dichosa y agradable tierra, hoy desolada por tan cruel derroche! Valiente francés, os veo morir por mi culpa, y no puedo proteger vuestras vidas". Los estudiosos creen que fue escrito por el poeta franco-normando Turold entre 1040 y 1115.

Un poeta vasco anónimo escribió sobre la misma batalla desde el punto de vista vasco: "¿Qué eran en nuestras colinas, estos hombres del Norte? ¿Por qué vienen aquí a nuestra tranquila tierra? Dios hizo las colinas con la intención de que nadie pasara... ¡Corrientes de sangre roja! ¡Se estremecen entre la carne destrozada! ¡Oh! ¡Qué mar de sangre! ¡Qué huesos destrozados!". Y más tarde añadió el verso que identificaba la batalla con Roldán en el paso de Roncevaux: "¡Vuela, Carlomagno, capa roja y plumas de cuervo! Tu robusto sobrino, Roldán, está muerto, su brillante coraje no le sirve de nada". Este poema fue encontrado en el año 1794 en un convento de Fuentarrabía (a menudo conocido como Hondarribia en inglés) en el País Vasco.

Carlomagno sufrió un gran revés en su derrota en el paso de Roncesvalles, ya que tenía la intención de avanzar sin problemas por el resto de Hispania, que estaba controlada en su mayor parte por el emirato musulmán de Córdoba.

En el siglo VIII, los francos lucharon contra los invasores musulmanes, que intentaban conquistar toda la España actual. La relación entre los vascos y los musulmanes era muy inestable, y las dos partes vacilaban entre la paz y la guerra. Durante ese tiempo, un segmento de la población vasca, especialmente los que vivían en el valle del río Ebro, adoptó una forma de islam. Sin embargo, los vascos que vivían en la zona norte del valle del Ebro no se convirtieron y siguieron practicando el cristianismo o su antigua religión pagana. Aunque los francos tenían el control, sus esfuerzos fueron efímeros. En el año 812, los francos bajo el mando de Luis el Piadoso lucharon una vez más contra el emirato de Córdoba.

En 816, en la batalla de Pancorbo, el rey vasco, Velasco el vasco, contó con el apoyo de los francos y también recibió ayuda del reino de Asturias, fundado por los visigodos en 718. Todos ellos se enfrentaron a Abd al-Karim ibn Abd al-Wahid en Pancorbo, una zona llena de vados, ríos, barrancos y pasos de montaña a través de los Pirineos. La batalla duró trece días. Los ríos estaban cargados de troncos, haciéndolos imposibles de navegar. Cuando las tropas vascas cristianas intentaron cruzar el río, fueron masacradas por los musulmanes. Muchos otros murieron cayendo de los escarpados acantilados. Los musulmanes ganaron, pero los vascos protagonizaron más revueltas, que fueron en su mayoría dirigidas contra sus señores francos.

Después de esta fatídica batalla, el líder vasco, Íñigo Arista, promovió la reconstrucción de la ciudad y las fortificaciones de Pamplona, a partir del año 790 d. C.

Capítulo 5 - La Edad Media

Navarra

En el año 824 d. C., Íñigo Arista fue elegido como rey de Pamplona, en parte por sus hazañas en la batalla de Pancorbo. Era cristiano, pero su medio hermano, Musa ibn Musa de los Banu Qasi, era musulmán y permitió que Arista controlara la ciudad de Pamplona siempre y cuando pagaran la jizya, los impuestos que se cobraban a los no musulmanes. Hubo allí ocasionales rebeliones entre las fuerzas cristianas y musulmanas, pero el objetivo de Íñigo era establecer un estado vasco que no estuviera sometido a la dominación del emirato de Córdoba o de los francos. Ese estado sería el reino de Navarra.

Tras la muerte de Íñigo en el año 851, sus restos fueron enterrados en el monasterio románico de Leyre, en lo que hoy es San Salvador, Navarra.

Su medio hermano, Musa ibn Musa, se hizo cargo de Navarra, y el hijo de Arista, García Íñiguez I, fue nombrado rey de Pamplona. En Navarra, muchos de los nobles desertaron al emirato de Córdoba. Ausente de una base de poder popular, Musa también desertó. Durante el año 851, Musa tuvo que enfrentarse a una insurrección de los vascos. Los vascos se aliaron con el reino de Asturias, pero fueron derrotados en la batalla de Albelda. Musa entonces arrojó a los líderes vascos y asturianos a un calabozo.

En el 854 d. C., Musa tomó el control de las provincias de Zaragoza, Huesca, Tudela y Toledo. Entonces se le conoció como el "Tercer Rey de Hispania".

Más tarde, posiblemente en el 860, se libró otra batalla contra los musulmanes por el rey vasco de Pamplona, García Íñiguez, y el rey Ordoño I de Asturias. Se decía que los musulmanes fueron derrotados en la batalla de Monte Laturce y obligados a huir. Con el tiempo, los hechos que rodearon a esa batalla se adaptaron como telón de fondo para la legendaria batalla llamada la batalla de Clavijo. Está impregnada de una antigua leyenda cristiana y afirma que Santiago, el apóstol de Jesucristo, apareció en Clavijo y llevó a los cristianos a la victoria.

Tras la muerte de García, la zona estaba inquieta, ya que su hijo mayor y sucesor, Fortún Garcés, estaba débil. Antes del final del reinado de Fortún, Sancho Garcés recibió la ayuda de Alfonso III de los asturianos y asumió el control en el año 905 d. C., poniendo fin a la dinastía Íñiguez.

Sancho era estrictamente antimusulmán y trabajó para expulsar al emirato de Córdoba del reino de Navarra. En el año 911 d. C., un antiguo aliado suyo, Galindo Aznárez II, se alió con dos señores musulmanes, Abd Allah ibn Lubb y Muhammad al-Tawil. Atacaron a Sancho, pero fueron derrotados. Mahoma huyó, y se supone que ibn Lubb huyó con él. Galindo se vio obligado a convertirse en vasallo. Poco a poco, los territorios musulmanes de esa zona se fueron reduciendo.

En el año 918, Sancho se alió con Ordoño II de León para expulsar a los musulmanes de la Marcha Superior, que se encontraban en el valle del Ebro. Conquistaron las ciudades de Calahorra, Arnedo y Viguera del Quasi Banu. Aunque no lograron capturar el municipio de Valtierra, quemaron la mezquita de allí. El hijo de Muhammad al-Tawil, Amrus ibn Muhammad, quería establecer su propio reino privado, por lo que Sancho y sus aliados se unieron para expulsar al territorio de Monzón en manos de los Banu Qasi. Esto permitió a Sancho expandir su dominio a la Baja Navarra.

La batalla de Calatañazor

En 1002, más musulmanes entraron en Hispania. Los historiadores medievales los llamaron los "Sarracenos", ya que carecían de información detallada sobre los diversos califatos del mundo árabe. Las fuerzas cristianas lucharon bajo Alfonso V de León, una provincia española; Sancho III de Navarra; y el Conde Sancho García de Castilla. Los musulmanes fueron liderados por Almanzor. Puede que no tuviera el título de gobernante, pero era definitivamente el que tenía el poder en el Califato Omeya de Córdoba, el cuerpo gobernante que había reemplazado al antiguo emirato de Córdoba.

La batalla de Calatañazor fue una batalla importante en la campaña de los cristianos para expulsar a los musulmanes de la provincia de Castilla en España. Esta batalla, que duró un día, tuvo lugar en la provincia de Calatañazor, que se extendía a ambos lados de Castilla y León. Para preparar esta batalla, Almanzor reclutó tropas del norte de África. Hubo miles de tropas que participaron. Al final, Almanzor y sus fuerzas fueron derrotados. Almanzor fue herido, pero la historia indica que continuó haciendo la guerra contra los cristianos en España. Finalmente, se encontró con un castillo-fortaleza manejado por guerreros cristianos. Allí, fue derrotado. La salud de Almanzor declinó debido a las heridas que sufrió en Calatañazor, y se debilitó más. Mientras moría, le dijo a su hijo: "Esto me parece el primer signo de la decadencia que espera al imperio". Según una leyenda local, un misterioso pescador apareció en otro pueblo y dijo: "En Calatañazor, Almanzor perdió el tambor". Se creía que era el lamento del diablo cuando sus demonios no lograban prevalecer sobre las fuerzas del bien.

Sancho Garcés III: Sancho el Grande

Durante el siglo IX, el Reino de Navarra creció en prestigio e importancia. En la historia vasca, Sancho Garcés III figura como uno de los mayores unificadores del país y uno de los reyes más importantes, por lo que heredó su apodo "el Grande". En 1004, era el rey de Pamplona. A través del matrimonio, llegó a gobernar el condado de Castilla, junto con los estados feudales de Álava y Monzón.

Bajo los sucesores de Sancho, el Reino de Navarra se dividió en Castilla, Pamplona, y las provincias vascas de Ribagorza, Sobrarbe, y la nueva provincia de Aragón. Estas áreas se habían expandido bajo Sancho Garcés para incluir no solo las tierras bajas, sino también los centros urbanos. Debido a ello, los vascos se mezclaron con los franceses, causando un predominio de la gente de habla francesa e hispana. Debido a esto, el idioma vasco se convirtió en el idioma de la minoría. Por eso algunas regiones del País Vasco hoy en día solo hablan *euskara*, mientras que otras regiones hablan una mezcla de vasco, español y francés.

García Sánchez III

Sancho III hizo arreglos con sus hijos antes de su muerte en cuanto a sus herencias. García III era el hijo mayor de Sancho III, y como tal, heredaría el reino de Navarra (Pamplona) y tendría el control de Álava y Gipuzkoa. Su hermano, Fernando I, controlaría una parte del condado de Castilla, mientras que García III se encargaría de la otra parte de Castilla. Ramiro I recibió el condado de Aragón, y Gonzalo recibió el dominio de los territorios vascos de Sobrarbe y Ribagorza.

Después de la muerte inesperada de Gonzalo en 1043, Ramiro fue premiado con Aragón, Sobrarbe y Ribagorza. En ese momento, Ribagorza y Sobrarbe fueron asimilados a la provincia española de Aragón. A la muerte de Ramiro, su hijo, Sancho Ramírez, tenía el control de Navarra (Pamplona) y Aragón. Sancho Ramírez se llamó a sí mismo "Rey de los aragoneses y pamploneses". Fue el primero en proclamarse rey de Aragón.

"Emperador" Fernando

En 1037, García Sánchez III y Fernando I fueron a la guerra con el Reino de León, un territorio español al oeste de Pamplona. Para entonces, incluía gran parte del territorio que una vez perteneció al Reino de Asturias. García y Fernando derrotaron al rey Bermudo III de León, que murió en la batalla. Fernando se convirtió entonces en el rey de León, así como en el conde de Castilla. Sin embargo, con el tiempo, los hermanos discutieron sobre el reparto de las tierras de León, Castilla y Pamplona. En 1054, Fernando luchó contra su hermano en las antiguas montañas cerca de Atapuerca, y García fue asesinado.

El hijo de García Sánchez, Sancho, era el legítimo heredero de la finca, ya que las herencias se transmitían a los descendientes directos. Sancho solo tenía catorce años en 1054, por lo que su madre, Estefanía, era la regente. Sancho fue coronado rey de Pamplona y se convirtió en Sancho Garcés IV inmediatamente después de la muerte de su padre.

Se dice que Fernando se llamó a sí mismo "emperador", basándose en los estatutos de Aragón redactados en 1056, que dicen que Fernando era "emperador en León y en Castilla". La consorte de Fernando era la reina Sancha, hermana del difunto rey Bermudo III de León, lo que se puede interpretar como un refuerzo de la reivindicación de Fernando.

Fernando se aprovechó de Sancho y redujo a Navarra (Pamplona) a la condición de estado vasallo. Fernando era ambicioso. Capturó Zaragoza en 1060, que en ese momento estaba bajo control musulmán. El emir fue entonces obligado a rendir homenaje a Fernando.

Fernando ansiaba el territorio de Toledo, así que atacó sus dos ciudades vecinas, Talamanca y Alcalá de Henares, y las conquistó. El emir de Toledo, Yahya ibn Ismail al-Mamun, quería evitar la destrucción de Toledo, así que se sometió a Fernando.

La península ibérica con sus provincias del siglo XI y las de Francia

En 1063, Fernando continuó expandiendo sus territorios en España y asaltó los estados musulmanes de Badajoz y Sevilla. Los asaltó como una táctica para asustar, y los gobernantes musulmanes acordaron rendirle homenaje para evitar futuras incursiones. Aunque era una forma de extorsión, era una práctica común en aquellos días.

En 1065, Fernando invadió Valencia. Antes de que Fernando pudiera llegar al corazón del territorio, el Emir Abd al-Malik al-Muzaffar se sometió a él, aceptando pagarle un tributo.

La muerte de Fernando

Al igual que su padre, Fernando decidió hacer arreglos para las herencias de sus hijos antes de morir.

Aunque Alfonso VI no era su hijo mayor, Fernando eligió legarle el Reino de León. Sancho II, también conocido como Sancho "el Fuerte", que era el mayor, recibió Pamplona y el Reino de Castilla, junto con los derechos de los tributos dados por el gobernante musulmán de Zaragoza. El heredero varón más joven de Fernando, García II, se suponía que recibiría el Reino de Galicia, y también obtuvo las tierras que se encontraban en la costa noroeste de España y Navarra. El territorio de Galicia era inestable hasta que la hija menor de Fernando, Elvira, recibió la ciudad de Toro y la mitad de los ingresos de los monasterios en las tierras de Fernando. Su otra hija, Urraca, recibiría la renta monástica y la ciudad de Zamora. Los arreglos para los ingresos de las tierras monásticas solo eran válidos mientras las mujeres no estuvieran casadas.

Fernando enfermó de muerte durante el asedio a Valencia y decidió volver a su casa en León, que había confiscado anteriormente. Murió allí en 1065.

El Cid y Sancho II

Sancho II decidió reclutar a Rodrigo Díaz de Vivar, un consumado caballero, para ayudarle a desafiar a Alfonso por la posesión de León. Rodrigo también fue llamado El Cid por los moros musulmanes, con los que trataba como parte de su servicio a los reyes y nobles de España.

El Cid ayudó a Sancho II a derrotar a Alfonso en la batalla de Golpejera en 1072. Después de eso, Alfonso fue arrestado. Por alguna razón, Sancho II decidió perdonar a su hermano. Alfonso fue exiliado a la ciudad de Toledo, que estaba en manos de un rey musulmán. Sancho II se convirtió entonces en el rey de León y Castilla.

El Cid también ayudó a Sancho a sitiar la ciudad de Zamora, que estaba en manos de su hermana Urraca. En un extraño giro del destino, un noble llamado Vellido Adolfo fue contratado para asesinar a Sancho II. Debía atraer a Sancho para que se reuniera con él en privado, diciendo que sabía de una debilidad en el Castillo de Zamora. Cuando Sancho dobló la esquina del castillo, Vellido lo apuñaló. El Cid le persiguió, pero Vellido se escabulló de la ciudad a través de una puerta y desapareció. Hoy en día, esa puerta se llama *Portillo del Traidor*.

Tras el asesinato de su padre, Sancho IV heredó los derechos de Pamplona. Sancho también fue coronado como el rey de Pamplona (Navarra). Asimismo, fue conde de Álava, Bureba, Gipuzkoa, Vizcaya y Alta Rioja. Sin embargo, en 1076, fue asesinado por sus hermanos celosos en un promontorio de Navarra.

Con la muerte de Sancho IV, Alfonso VI se convirtió en el rey de León y Castilla, y también ganó los territorios de Sancho IV de Navarra, Álava, Bureba, Gipuzkoa, Vizcaya y Alta Rioja. Surgió un problema en relación con el reinado de Navarra. Para resolver la crisis, se decidió que Navarra se dividiera entre Alfonso VI y Sancho V Ramírez. Al final, una parte de Navarra estaba en Castilla y la otra en Aragón.

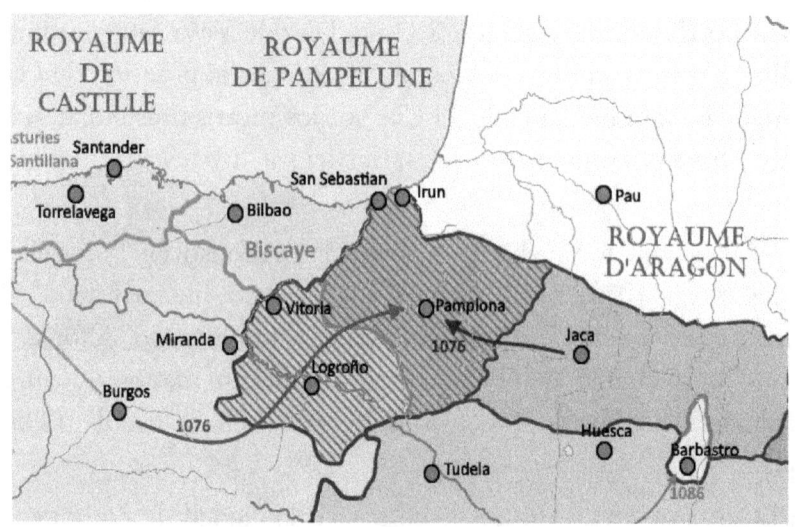

Los territorios vascos bajo asalto

La Guerra Civil

Alfonso VI no tenía herederos varones, así que intentó buscar un sucesor. Legitimó a su amante, Zaida, para tener un heredero varón. Ella era una princesa musulmana, y tuvieron un hijo juntos. Zaida se convirtió al catolicismo y fue rebautizada como "Isabel". En 1103,

Alfonso se reunió con sus concejales y nombró a su único hijo, Sancho Alfónsez, como su presunto heredero. El plan de sucesión de Alfonso, cuidadosamente diseñado, se estropeó cuando Sancho fue a la guerra contra los almorávides musulmanes de Toledo, ya que perdió la batalla de Uclés en 1107. Después de la batalla, Sancho se dio a la fuga. Fue asesinado por los aldeanos en 1108.

Alfonso VI estaba desesperado. No queriendo que sus tierras cayeran en manos de sus rivales, Alfonso hizo presumir a su hija viuda, Urraca, como heredera. Para sellar su derecho al trono, los nobles leoneses y castellanos insistieron en que se casara. Alfonso se opuso a los pretendientes que le presentaron, ya que podían convertirse en feroces rivales. Eligió al rey Alfonso I de Aragón alrededor de 1109. Alfonso I era el hijo de Sancho V Ramírez, haciendo a Urraca y Alfonso primos segundos. De esta manera, todo quedaba "dentro de la familia", por así decirlo. Sin embargo, eso se convirtió en un problema más tarde.

Alfonso el "Batallador" y una mujer astuta

Alfonso era conocido por su destreza militar, y se decía que había ganado "veintinueve" batallas. También luchó junto a El Cid en Valencia. Por sus esfuerzos, su padre, Sancho V Ramírez, le otorgó el gobierno de las Ardenas, Luna, Bailo y Biel.

El matrimonio de Alfonso se realizó por razones políticas. El padre de Urraca, Alfonso VI, tenía advertencias en su contrato de matrimonio. En primer lugar, el contrato indicaba que si cualquiera de las partes dejaba a la otra sin un acuerdo mutuo, perdería el apoyo de sus seguidores. Ninguno de los dos podía dejar al otro por su relación familiar o por miedo a la excomunión del papa.

Además, si Urraca daba a luz a un varón, ese niño heredaría las propiedades de Alfonso y de Urraca. En el caso de que Urraca no tuviera un hijo varón, sus propiedades serían legadas a los sucesores de ella, no a los de él. Si Urraca muriera primero, sus propiedades serían concedidas a su hijo por su anterior matrimonio, Alfonso Raimúndez.

En 1110, Alfonso y Urraca se separaron. Alfonso había sido soltero durante muchos años y se decía que prefería la compañía de los hombres a la de las mujeres, aunque no existen indicios de que esto fuera cierto. Sin embargo, parece que tenía dificultades para relacionarse con las mujeres, especialmente con su ambiciosa esposa.

Alfonso reclamó el control total de Castilla, León, Toledo y Aragón. En 1114, su matrimonio fue anulado por razones de consanguinidad. Por supuesto, eso significaba que su contrato de matrimonio era nulo y sin efecto, pero Alfonso todavía se aferraba a sus tierras. Urraca era casi tan militarista como su marido. Levantó sus propias tropas y marchó contra Alfonso. Sus fuerzas atacaron Castilla, pero Alfonso, que estaba ansioso por volver a sus conquistas de las tierras musulmanas en España, hizo una tregua con Urraca.

Alfonso el "Batallador"

Urraca se vio envuelto más tarde en un conflicto con el obispo Diego Gelmírez de Galicia. El obispo había nombrado un tutor, Pedro Fróilaz de Traba, para el hijo menor de edad de Urraca, Alfonso Raimúndez. De Traba era una figura muy politizada en Galicia y detestaba a Urraca y sus maneras prepotentes. En 1121, Urraca cometió el colosal error de arrestar al obispo como represalia por la elección de De Traba. Cuando fue amenazado con la excomunión por el papa Calixto II, Urraca inmediatamente hizo las paces. De lo contrario, habría perdido el control de todas sus posesiones.

Urraca murió en 1126, y su hijo y heredero, Alfonso VII (Alfonso Raimúndez), inició una campaña para recuperar todos los territorios que habían sido perdidos por Alfonso el Batallador.

Paz de Támara

En 1127, Alfonso I el Batallador llegó a un acuerdo con el joven Alfonso para determinar las posesiones dentro de Castilla y Aragón. Acordaron que Alfonso I sería el gobernante de Vizcaya, Gipuzkoa, Belorado, Soria, Buerba, San Esteban de Gormaz y Alta Rioja.

De esta manera, volvieron a poner la frontera de Castilla en sus límites originales de 1054. A cambio, Alfonso I reconoció a Alfonso VII como el rey de Castilla.

Batalla de Fraga

En 1134, Alfonso I el Batallador envió sus fuerzas desde Aragón y la vecina ciudad de Barcelona para conquistar las zonas de dominio musulmán en las tierras bajas que conducen al valle del río Ebro. Las fuerzas musulmanas, que contaban con 2.700 caballeros, sitiaron la ciudad de Fraga en Aragón. Alfonso se enfrentó a la caballería enviada por el emir de Murcia cuando llegaron al lugar. La batalla se prolongó. Cuando el emir de Córdoba envió más fuerzas, diezmaron las tropas de Alfonso. El derrotado Alfonso reunió a los supervivientes y huyó a un distrito de Zaragoza. Alfonso I murió de sus heridas varios días después.

La crisis de Navarra y Castilla

Después de la muerte de Alfonso I y Urraca, hubo una crisis de sucesión. Durante aproximadamente medio siglo, Navarra había estado dividida entre Castilla y Aragón. Tras la muerte de Alfonso I, dejó sus propiedades a los Caballeros Templarios, a los Hospitalarios y a los Caballeros del Santo Sepulcro. Los tres eran órdenes semireligiosas. La nobleza de Aragón se opuso a esto, sin embargo. Para resolver el asunto, se fijaron hacia atrás en la línea de sucesión. Una convocatoria de nobles decidió que Ramiro II, hermano de Alfonso I. Los nobles navarros buscaron a García Ramírez, que era bisnieto de Sancho III. García Ramírez fue también conocido como García el Restaurador, porque devolvió la independencia a Navarra, que había estado unida a Aragón durante décadas.

La cuestión de los otros distritos vascos que habían sido tomados por Alfonso I el Batallador, y posteriormente por su hijo, Alfonso VII, aún no estaba resuelta. García Ramírez luchó con Castilla por sus tierras occidentales. Alfonso VII y García hicieron un pacto en el que los históricos distritos vascos de Álava, Vizcaya, Gipuzkoa y Alta Rioja serían devueltos. Sin embargo, Alfonso nunca cumplió el acuerdo. A pesar de ello, Alfonso siguió permitiendo que Navarra conservara gran parte de su autogobierno. Lo hizo para obtener su favor. Los virreyes de los pueblos juraron mantener sus cartas tradicionales y, a cambio, Navarra aceptó ceder La Rioja a Castilla.

Sin embargo, los sucesivos reyes de Castilla se esforzaron por conceder a los habitantes de esos territorios, incluida Navarra, un alto grado de autogobierno. De hecho, otros pueblos y distritos de Castilla obtuvieron un estado de autonomía limitado mediante cartas que más tarde se denominaron *fueros*. Cuando se establecieron más firmemente las rutas comerciales, las ciudades pudieron obtener cartas por las que podían funcionar como provincias semiindependientes. Castilla permitió que esas provincias aprobaran sus propias leyes y mantuvieran sus propias costumbres.

El "Alto" Sancho

El hijo de Sancho VI (hijo y sucesor de García Ramírez) y Sancha (hija de Alfonso VII de León y Castilla) fue Sancho VII. Se convirtió en el rey de Navarra en 1194. Un antropólogo forense descubrió recientemente que Sancho VII medía más de siete pies de altura, lo que debió impresionar a las personas que le rodeaban. En 1212, se unió a las provincias cristianas vecinas para expulsar a los musulmanes. Se decía que los soldados vascos de Sancho llevaban escudos blasonados con el símbolo de una estrella, que representaba el Sol de la Muerte o posiblemente el símbolo cristiano de la vida y la muerte.

Las hermanas de Sancho eran Berengaria y Blanche. Berengaria estaba casada con Ricardo Corazón de León de Inglaterra, y se decía que Sancho y el rey inglés eran bastante cercanos. Blanche murió en 1229, y Berengaria falleció en 1230. Cuando Sancho murió en 1234, no tenía herederos. Como no le quedaban hermanos a los que dar el trono, Navarra fue al hijo de Blanche, Teobaldo IV, conde de Champagne. Esta transferencia fue apoyada por la nobleza navarra.

El Rey Teobaldo I de Navarra

En 1234, el conde Teobaldo IV de Champagne se convirtió en Teobaldo I, rey de Navarra. Como procedía de un territorio extranjero, no sabía nada de los vascos.

El rey Teobaldo comprendió que los vascos eran únicos y diferentes de sus vecinos indoeuropeos, y desarrolló las primeras cartas escritas, o *fueros*, para promover relaciones fluidas con la monarquía de Navarra y el pueblo vasco. En 1238, redactó el primer *Fuero General de Navarra*. Esta carta definía la distribución de poderes entre el rey, las cortes y el parlamento (llamadas *Cortes*), que representaban al pueblo. Los vascos mantenían sus costumbres y tenían un conjunto de leyes para ellos mismos, pero esas leyes eran en realidad leyes comunes entregadas oralmente a lo largo de los tiempos. El sucesor directo de Teobaldo, Teobaldo II, mantuvo las políticas de su padre. Su hijo, Enrique I, también confirmó los fueros de Navarra.

Aunque en el País Vasco se hablaba una mezcla de idiomas a lo largo de los años, se hablaba principalmente el *euskara*, el idioma vasco tradicional. En algunas de las zonas también se utilizaron el español y el francés. Los vascos a menudo llamaban a la población no vascófona "gascones", por el término histórico "vascones".

Capítulo 6 - La Baja Edad Media

Autonomía/gobierno doméstico en el País Vasco francés

Las asambleas representativas, llamadas Juntas Generales, representaban a la población vasca en Francia, con sus provincias de Labourd, Soule y Baja Navarra (la Alta Navarra se encuentra en España).

Las hostilidades se construyen

En 1285, la nieta del rey Teobaldo, Juana I, se convirtió en la reina de Navarra. Nunca visitó Navarra y la puso en manos de los gobernadores franceses, que eran muy impopulares. Felipe IV de Francia, el esposo de Juana, retuvo el reino de Navarra para Francia.

El trono de Francia y Navarra cayó finalmente en manos de Felipe V (en Navarra se le conocía como Felipe II). Algunas de las posesiones inglesas en Francia habían sido transferidas a la realeza de Inglaterra en virtud del matrimonio, lo que solo contribuyó a contribuir a la fricción entre Inglaterra y Francia. Felipe V gobernó Navarra desde 1316 hasta 1322. Se ocupó de que las mujeres no pudieran acceder al trono, y le sucedió Carlos IV, su hermano (conocido como Carlos I en Navarra).

Eduardo II, el rey de Inglaterra, era también el duque de Aquitania y tenía territorios en Gascuña. Se esperaba que rindiera homenaje al rey Carlos IV. Sin embargo, se retrasó debido a algunas conspiraciones en casa. En retribución, Carlos IV confiscó algunas de las tierras de Eduardo. Para resolver la situación, Eduardo apeló al papa Juan XXII. El papa contactó con Carlos, quien accedió a devolver algunas de las tierras si Eduardo le rendía homenaje. Consciente de las dificultades que Eduardo tenía en Inglaterra, el papa hizo arreglos para que la esposa de Eduardo, Isabel, sirviera como embajadora. Para mantener el control, las familias reales se casaban frecuentemente entre sí. En este caso, resulta que Isabel era también la hermana de Carlos IV.

A su llegada, Isabel y Carlos pactaron una tregua. La tregua especificaba que las tierras francesas serían devueltas con la excepción de una pequeña porción de tierra llamada Agenais si el hijo de Isabel, el príncipe Eduardo, le rendía homenaje en nombre de su padre. Después de su llegada el príncipe Eduardo le rindió homenaje, pero Carlos no devolvió las propiedades de Aquitania. Sin embargo, Francia podría retomar el control de sus otras tierras allí.

Eso no fue satisfactorio. Isabel era intrigante y casi siempre conseguía lo que quería. Fue apodada la "Loba" de Francia por eso. Esta vez, ella quería la readquisición de Aquitania. Además, quería quedarse en Francia para poder tener una relación con Roger Mortimer, un inglés exiliado. Su hijo, Eduardo, estaba con ella, así que decidió desposarlo con Philippa, la hija de un conde local. El matrimonio con la realeza de otro territorio sería útil para su plan.

Entonces decidió invadir Inglaterra con un ejército mercenario. Hizo que el poderoso duque de Lancaster, con un séquito de obispos, le presentara a su marido, Eduardo II, dos opciones: 1) abdicar el trono en favor de su hijo, o 2) desheredar a su hijo (en cuyo caso el trono pasaría a un candidato alternativo). Ante esa elección, Eduardo abdicó de mala gana.

Cuando algunos de los notables del reino vieron estas maquinaciones, trataron de ir a su rescate. Rápidamente, Mortimer secuestró al miserable Eduardo II en el castillo de Berkeley. En 1327, murió. El momento parecía bastante conveniente, pero nadie podía probar que había habido juego sucio.

Carlos IV murió en 1328, pero no tenía herederos varones. Le sucedieron su sobrina, Juan II de Navarra, y su primo, Felipe VI de Valois. Se esperaba que Eduardo III de Inglaterra regresara y rindiera homenaje a Felipe. Lo hizo, pero ofendió a los franceses al no quitarle la corona en la ceremonia.

Hubo más fricciones cuando Francia apoyó al Reino de Escocia en su resistencia a Inglaterra. Durante años, los monarcas ingleses quisieron conquistar Escocia. Una vez que Francia dio su lealtad a Escocia, el rey Eduardo III sabía que no podría tener éxito en el control de los escoceses.

Las tensiones crecieron entre Inglaterra y Francia. Inglaterra había dado refugio a Robert III de Artois, un astuto noble inglés que huyó de Francia cuando fue acusado de falsificación. En 1336, Francia exigió su extradición, pero Inglaterra se negó. Las tensiones entre ambos países estaban en su punto álgido.

Artois usó esta animosidad para su propio beneficio. Tomó la oreja del joven Eduardo III y le recordó que tenía derecho a reclamar el trono de Francia a través de su matrimonio con Philippa de Hainault. Ella era descendiente de Carlos de Valois, el padre del rey Felipe VI de Francia.

La guerra de los Cien Años

Debido a sus conexiones familiares con la realeza de Francia, Eduardo III de Inglaterra se declaró formalmente "Rey de Francia y las armas reales francesas" en 1340. En 1346, el ejército inglés bajo Eduardo III desembarcó en Normandía, y abrió un camino de destrucción a través del norte de Francia. En agosto de 1346, los dos ejércitos se reunieron en Crécy. Se desplazaron hacia el sur y llegaron al río Sena. Los arqueros ingleses fueron la división más efectiva de Eduardo. Aniquilaron las fuerzas francesas que encontraron y se movieron hacia Calais, a lo largo de la costa norte de Francia.

Felipe VI murió en 1350, más o menos al mismo tiempo que la peste negra golpeaba a Francia e Inglaterra. Las tropas, especialmente las de Francia, fueron diezmadas por la enfermedad. El sucesor de Felipe, Juan II, continuó la lucha.

En Poitiers, el hijo de Eduardo III, Eduardo, más conocido como Eduardo el Príncipe Negro de Gales, dirigió su ejército desde Gascuña y continuó el saqueo. Con la ayuda de un noble gascón, Jean III de Grailly, el príncipe Eduardo se reunió con el ejército del rey Juan II en 1356. Juan II fue capturado y hecho prisionero, dejando a Francia sin rey. El delfín de Francia, que era el presunto heredero, e Inglaterra trató de negociar un acuerdo. Después de varios años, se firmó el Tratado de Brétigny. Se pagaría un enorme rescate por la liberación del rey Juan II, y Eduardo III renunció a su reclamo sobre el trono francés. Además, Juan tuvo que enviar a su hijo menor, Luis, duque de Anjou, como rehén. A cambio, Francia cedería Aquitania a Inglaterra. Luis de Anjou escapó más tarde, y Juan II regresó a Inglaterra como rehén. Se sintió deshonrado por las acciones de su hijo y quiso mantener los términos que se habían acordado. Murió en prisión (aunque hay que señalar que vivió bastante bien para ser un prisionero y fue tratado con gran respeto) y fue sucedido por Carlos V.

En España, hubo una disputa sobre las provincias de Castilla y Aragón. Esto se convirtió en un problema, ya que Carlos V reclutó aliados en Castilla. Así, tanto Inglaterra como Francia se vieron envueltas en la guerra civil de Castilla.

La guerra civil castellana

En España, el rey Pedro era el gobernante de Castilla y León. Sin embargo, su medio hermano, Enrique de Trastámara, que vivía en Francia en ese momento, reclamó el trono. Con el apoyo de Carlos V de Francia, Enrique reunió un ejército de soldados franceses. También contó con la ayuda del Príncipe Negro de Inglaterra y de un soldado de fortuna llamado Bertrand du Guesclin. A cambio de la ayuda del Príncipe Negro, Enrique de Trastámara aceptó ayudar a sufragar los costes de la batalla. Con su enorme ejército, atacaron a Pedro. Fue depuesto y se vio obligado a huir.

Enrique de Trastámara regresó a Castilla en 1368 para recibir una calurosa bienvenida. Fue apoyado como rey de Castilla por los nobles locales.

Sin embargo, Pedro no se había rendido. En 1369, Pedro de Castilla se enfrentó de nuevo a Enrique en la fortaleza de Montiel. Enrique sitió la fortaleza y prevaleció. El enviado de Enrique, Bertrand du Guesclin, se reunió con Pedro para discutir los términos. Pedro prometió pagar a Bertrand 200.000 monedas de oro y las ciudades de Soria, Atienza y Almazán si traicionaba a Enrique de Trastámara. Cuando Bertrand regresó, le contó a Enrique la oferta, usándola en su beneficio para que Enrique le pagara más, quien, por supuesto, quería que Pedro se fuera. Bertrand volvió entonces con Pedro y lo llevó a su tienda, en la que Enrique se escondía. Enrique no reconoció inmediatamente a Pedro, ya que no se habían visto en mucho tiempo. Cuando Pedro se identificó, Enrique le atacó con un cuchillo, y Pedro cayó al suelo. Entonces Enrique lo apuñaló numerosas veces y lo dejó sin enterrar durante tres días. Así, Enrique (ahora Enrique II) se convirtió en el rey de Castilla y León.

Tras la muerte de Carlos V de Francia en 1380, Carlos VI subió al trono. Sin embargo, Carlos era un enfermo mental, y el duque de Orleáns y el duque de Borgoña se vieron envueltos en su propia guerra civil. El duque Juan de Borgoña fue asesinado en 1419.

Inglaterra se aprovechó de los conflictos internos en Francia intensificando sus ataques bajo Enrique V. En 1415, Enrique cruzó a Normandía. Las fuerzas francesas lo persiguieron, pero Enrique los derrotó en la batalla de Agincourt. Los franceses no estaban preparados para enfrentarse a la fuerza mucho mayor de Enrique, y murieron unos 6.000 soldados franceses.

Felipe, que se convirtió en duque de Borgoña después de la muerte de su padre, quería poner fin a las constantes hostilidades. Propuso que Enrique V de Inglaterra se casara con la hija de Carlos VI, Catalina. De esa manera, Catalina sería una heredera al trono francés, y Enrique podría actuar como su regente. A la muerte del rey Carlos VI, la corona francesa iría a los herederos de Enrique. Eso daría lugar a una doble monarquía, la de Inglaterra y la de Francia. En 1420, esto fue acordado en lo que se conoce como el Tratado de Troyes.

Catalina y Enrique V dieron a luz a Enrique VI en 1421. Cuando ambos, Carlos VI y Enrique V, murieron en 1422, el tratado fue esencialmente tirado por la ventana. Aunque el trono debería haber ido a Enrique VI, el delfín Carlos de Francia lo reclamó como suyo. Se encontró con muchas dificultades y pronto se encontró en el lado perdedor de la guerra.

La famosa Juana de Arco inspiró al delfín a no perder la esperanza. Ella misma lideró las fuerzas francesas en la batalla de Orleans, que fue un éxito rotundo. Después de eso, el delfín marchó a Reims, donde fue coronado rey Carlos VII de Francia.

Como era de esperar, Inglaterra no reconoció esta reivindicación. En Compiégne, Juana fue capturada y enviada a Inglaterra para ser juzgada. Fue condenada por herejía y fue quemada en la hoguera en 1431.

La ejecución de Juana de Arco

A pesar de este contratiempo, Francia ganó la guerra en 1453. No cambió mucho para los vascos, aunque si los ingleses hubieran ganado, las cosas ciertamente lo habrían hecho.

Conquista española de Navarra

Dos familias nobles, los Beaumont y los Agramont, lucharon por el control de Navarra y crearon problemas en el País Vasco. En 1484, el control de Navarra fue duramente disputado, ya que la parte francesa se encontraba en la parte norte de los Pirineos, donde se establecieron los Beaumont, y la parte sur se encontraba en la parte sur, que estaba en España, donde vivían los Agramont. Los desacuerdos entre los nobles españoles y franceses se produjeron por el control de Navarra. El rey Fernando II, que controlaba Aragón y

Castilla a través de su matrimonio con la reina Isabel I, quería reclamar toda Navarra como territorio español.

En 1504, la reina Isabel murió. Su sucesora fue su hija, Juana. A menudo se llamaba Juana la Loca debido a su severa inestabilidad mental. Aunque era la monarca gobernante de Castilla, fue colocada en un convento real en Tordesillas por su padre, Fernando II de Aragón. Juana tuvo un hijo llamado Carlos, pero no era mayor de edad, así que Fernando fue su regente.

En 1512, Fernando se unió a la "Liga Santa", formada por el papa Julio II, que nombró a Francia como enemiga de los intereses del papado. Para Fernando, esto era solo una forma de justificar el ataque al norte de Navarra. En 1512, Fernando organizó una fuerza militar española en la provincia vasca de Gipuzkoa y atacó Navarra, conquistando las fortificaciones de allí. La fuerza de Fernando era enorme, y los Beaumont tuvieron que retirarse.

Las tropas castellanas, tripuladas en su mayoría por soldados guipuzcoanos, cruzaron los Pirineos por sus pasos. Una vez que llegaron, confiscaron o destruyeron los edificios pertenecientes a la facción de los Beaumont. Fernando y sus fuerzas marcharon hasta las murallas de la capital de Pamplona, donde insistió en que los habitantes le juraran lealtad. Pamplona capituló, y Fernando estacionó sus tropas por toda la zona. Fernando exigió además que Juan III de Navarra le jurara lealtad y enviara a su joven heredero, Enrique, a la corte castellana para que fuera criado allí. Juan III y su esposa, Catalina, se negaron. En su lugar, huyeron y se refugiaron en la vecina provincia de Béarn.

Fernando hizo muchos esfuerzos para justificar su derecho a asumir el control de Navarra obteniendo el apoyo papal. Fernando ofreció concesiones y aceptó respetar las leyes navarras. El estatus de Navarra cambió en 1512 cuando Fernando fue nombrado rey de Navarra.

Dos contraataques navarros

Juan III, el antiguo rey de Navarra, vio su oportunidad de retomar Navarra tras la muerte de Fernando en enero de 1516. Así que Juan organizó una fuerza militar compuesta principalmente por soldados de Vascona. Tomaron varios prisioneros, incluyendo algunos miembros de la familia Agramont. Sin embargo, el ejército de Juan III no consiguió el control total de la zona francesa de Navarra.

España se encontraba en una crisis económica en ese momento, y Francisco I de Francia aprovechó la oportunidad para ganar el control de Navarra. Sin embargo, no fue el único. Enrique II, hijo de Juan III y Catalina, vivía exiliado en Béarn. Era el heredero legítimo del Reino de Navarra, y reunió un ejército de 12.000 vascones y desplazó a los navarros para luchar por su legítimo trono.

Ignacio Loyola y la batalla de Pamplona

Ignacio Loyola, el futuro fundador de los jesuitas, fue inicialmente un militar. Ignacio, o Íñigo en lengua vasca, nació en la provincia vasca de Gipuzkoa. Era un experto espadachín y algo violento en su juventud. Incluso tuvo duelos con otros hombres, a veces por cuestiones relacionadas con sus creencias católicas.

En 1521, Ignacio sirvió como gobernador militar castellano de Pamplona, la capital de Navarra. Su comandante, Antonio Manrique de Lara, 2º Duque de Nájera, y sus fuerzas estaban lejos de Pamplona, luchando contra una rebelión local, cuando los franceses invadieron. Ignacio y sus soldados se quedaron para defender el castillo de Pamplona sin ningún apoyo.

Muchos ciudadanos navarros apoyaron a los franceses y atacaron a Ignacio y sus hombres en el castillo. Ignacio y sus soldados lucharon con valentía, pero finalmente fueron derrotados. Durante el ataque, Ignacio fue gravemente herido. Su pierna quedó destrozada cuando fue alcanzado por una bala de cañón. Aunque estaba del lado de España, los soldados franco-navarrosos admiraron el valor de Ignacio y lo llevaron a su casa en Loyola.

Como ya no podía luchar más, Ignacio fundó la Compañía de Jesús, cuyos seguidores son conocidos como jesuitas, y más tarde se convirtió en un santo católico. Francisco Javier también fue beatificado por sus esfuerzos en la fundación de los jesuitas. También era un vasco que provenía de Navarra.

Batalla de Esquíroz (Noáin)

En junio de 1521, el general francés André de Foix vio la oportunidad de tomar el control de Navarra porque Castilla estaba involucrada en una sublevación de los ciudadanos. El hijo de Juan III, Enrique II, llamó entonces a los franceses y a Navarra a enfrentarse a las fuerzas españolas. Reunió una fuerza de unos 10.000 hombres. Los españoles pidieron voluntarios, ¡y sus recién formadas tropas eran 30.000! En Esquíroz, cerca de Pamplona, las fuerzas francesas fueron derrotadas y el general André de Foix fue capturado.

Caída de Amaiur

Después de tener un número insuficiente de fuerzas en la batalla de Esquíroz, los franco-navarros reunieron hasta 27.000 soldados en su expedición para recuperar el control de Navarra y las zonas vascas. Muchos eran fuerzas francesas, y los otros eran gascones (vascos). Marcharon hacia el río Bidasoa en el norte de Navarra y luego hacia Baztán, donde sitiaron una fortaleza castellana. Los castellanos se rindieron a cambio de un paso libre hacia Castilla.

Bajo el mando de Guillaume Gouffier, las tropas conjuntas franco-navarras capturaron la fortaleza de Urantzu y luego se dirigieron a Hondarribia en Gipuzkoa, una provincia vasca a lo largo del río Bidasoa. Capturaron la fortificación costera allí.

En 1522, el emperador del Sacro Imperio Romano Carlos V y sus fuerzas castellano-aragonesas dejaron Pamplona con 7.000 hombres y marcharon a la fortaleza de Amaiur. Las fuerzas navarras consistían en solo 200 caballeros, ya que esperaban refuerzos. Las fuerzas de socorro nunca llegaron, y el fuerte cayó rápidamente. Los comandantes navarros fueron encarcelados en Pamplona, y dos fueron envenenados deliberadamente.

En 1524, se prometió a las fuerzas franco-navarras la restitución de sus propiedades si juraban lealtad al emperador Carlos V, lo cual hicieron. Sus propiedades, sin embargo, no fueron completamente restauradas, lo que llevó a esporádicos enfrentamientos, sobre todo en la Baja Navarra.

Miedo a las brujas

La Iglesia católica y el papado romano tenían mucho poder político en Europa. Carlos V, el emperador del Sacro Imperio Romano, pasó muchos años tratando con los musulmanes en el Imperio otomano y con alianzas políticas hechas entre los musulmanes e incluso los reyes cristianos, como Francisco I de Francia. Carlos V defendió a la Iglesia católica de las presiones del islam y de las religiones protestantes durante su reinado. Las desviaciones de las enseñanzas de la Biblia, interpretadas por los sacerdotes ordenados, eran vistas como contaminaciones de las sagradas escrituras, y estas personas eran a menudo encontradas culpables de herejía.

El rey Carlomagno (r. 800-814), que había impuesto el catolicismo en Francia, declaró: "Si alguien, engañado por el diablo, cree, como es costumbre entre los paganos, que un hombre o una mujer es un brujo de la noche, y come hombres, y por eso será quemado hasta la muerte y será ejecutado".

En España, los musulmanes controlaban muchos territorios. En el siglo XVI, España ordenó a todos los musulmanes que se convirtieran al catolicismo, aunque no lo hicieron hasta un siglo después. También, durante el siglo XVI, la Reforma protestante comenzó en Alemania, donde pronto se extendió por toda Europa. La herejía y la brujería a menudo se presentaban juntas, y la gente a veces creía que los protestantes creían en seres sobrenaturales. La razón para conectar al protestantismo con la brujería era errónea.

La Inquisición Eclesiástica

La inquisición era un tribunal establecido por el papado para evitar que las enseñanzas y prácticas erróneas se infiltraran en la población. Eso ocurría a veces cuando la gente se convertía de otra creencia religiosa al catolicismo. Tales tribunales fueron establecidos en el siglo XIII y reafirmados en siglos posteriores. Inicialmente, a la orden dominicana se le asignó la tarea de llevar a cabo estos juicios eclesiásticos, pero más tarde se transfirió a los jesuitas.

Los juicios de las brujas vascas

En 1525 se creó en Navarra una comisión especial para explorar las regiones montañosas de Navarra donde vivían los vascos. Habían oído rumores de que la gente había visto la "marca del diablo" en las mujeres. La marca del diablo era la aparición de una marca roja o azul en el cuerpo hecha con la garra de un demonio. Enviaron investigadores y regresaron con unos treinta individuos.

El juez Pedro de Balanza, un magistrado real, fue enviado para "investigar, aprender, corregir, castigar y sentenciar a la secta diabólica y los crímenes cometidos por estas brujas que se dice que están en este Reino de Navarra". Dos niñas, de nueve y once años, se presentaron alegando ser "buscadoras de brujas". Se desconoce el número de personas condenadas, pero se dice que el juicio fue rápido, resultando en ejecuciones. Las estimaciones modernas creen que unas cincuenta fueron ejecutadas.

En 1534, una extraña mujer llamada María Sagardoy fue acusada sobre la base de que guardaba un sapo muerto en su porche. Su historia fue tejida hasta el punto de que se informó de que hacía brebajes y pociones con partes de sapos muertos. Se extendieron los rumores de que envenenaba a la gente. Se las arregló para escapar del juicio porque dijo que estaba embarazada.

En 1540, se llevó a cabo otro grupo de pruebas en el valle de Salazar en los Pirineos. Los acusados supuestamente "renegaron de Dios y con suciedad y sapos quemados y otros venenos, usaron polvos envenenados para matar". Según Balanza, sus seguidores "se han reunido muchas veces, tanto de día como de noche, en sus reuniones y festividades y en los bailes de las brujas". Sus actos se llamaban "maleficia".

En 1560, Graciana Belca fue acusada de usar mezclas de hierbas para controlar a otros. Era una mujer mayor, pero aun así fue torturada en el potro de tortura y le realizaron torturas de agua. Fue sentenciada a cien azotes y luego exiliada por diez años. Debido a que sufrió fracturas en los brazos y fue mutilada, es improbable que haya sobrevivido. Sin embargo, no hay registro de lo que le pasó.

En 1575, el abad Pedro de Anocibar, que no era un magistrado oficial, informó a la Comisión Real que Mari Juana había llevado a dos jóvenes a una reunión de brujas. Juana le indicó al abad que ella había sido perturbada por espíritus malignos la mayor parte de su vida, pero ella misma no era una bruja. Otros dos aldeanos vascos también fueron acusados, incluyendo un hombre y una mujer. La pobre Mari fue quemada en la hoguera en Pamplona. Una de sus ayudantes también fue quemada, pero la otra escapó. La histeria echó raíces, y en el curso de siete meses, se celebraron diecisiete juicios más. No se conocen todas las sentencias, pero muchos fueron acusados de manipular sapos, asistir a aquelarres y envenenar los cultivos. La mayoría de estas personas fueron exiliadas.

Las historias se volvieron aún más absurdas. Se informó que se vio a mujeres vestidas de blanco flotando sobre una casa, pero luego se convirtieron en gatos, perros o cerdos.

En 1609, Pierre de Lancre, un juez francés, sostuvo la opinión de que el pueblo vasco, en particular, tenía predilección por la brujería. Las sentencias fueron más severas en el lado francés del País Vasco. Pierre de Lancre fue llamado como inquisidor para resolver una disputa entre algunas personas con el señor de Urtubi. Urtubi es un pueblo de la provincia vasca de Labourd. Los ciudadanos acusaron al señor y a sus seguidores de ser brujos. Se decía que los seguidores de Urtubi "bailaban indecentemente, comían en exceso; hacían el amor diabólicamente; realizaban actos de sodomía atroz; blasfemaban escandalosamente". También guardaban sapos, lagartos y víboras, y se decía que hacían el amor apasionadamente con cabras.

La caza de brujas de Pierre de Lancre en Labourd resultó en la ejecución de setenta vascos. De Lancre quería continuar, pero fue despedido de su cargo.

Según la mitología vasca, su diosa principal, Mari, tenía ayudantes llamados *sorginaks*. Un *sorginak* se equiparaba con un demonio que ayudaba al diablo o a sus legiones. Debido a eso, los vascos se convirtieron en un objetivo para aquellos que fueron inundados por la histeria masiva que barrió Europa.

En España, Alonso de Salazar Frías, sacerdote y abogado, fue seleccionado como inquisidor para el tribunal de Logroño (La Rioja) en 1609. Las acusaciones se sucedieron y para 1610, alrededor de seis personas fueron quemadas en la hoguera.

Salazar recorrió la región, recogiendo más pruebas. Se comprometió a perdonar a cualquiera que "confesara". Cuando regresó, afirmó tener información de hasta 1.800 personas. La mayoría de esas personas se retractaron de sus declaraciones más tarde.

Cuestiones jurisdiccionales y morales

Había cuestiones relacionadas con la jurisdicción de los tribunales en los que se celebraban los casos de brujería. En Madrid, estaba el Tribunal de la Inquisición, y en Navarra, el Consejo Real. Durante años, hubo disputas sobre qué tribunal tenía el derecho a escuchar y decidir estos casos. El Consejo Real de Navarra argumentaba que como los inquisidores no tenían que ser abogados, tenía derecho a juzgar los casos. Los tribunales navarros argumentaron además que los tribunales de la Inquisición solo imponían penas como la confesión y la penitencia. El Consejo Real, sin embargo, estaba facultado para ocuparse de los aspectos seculares de estos delitos, como la destrucción de bienes o daños corporales. Los testigos brindaron relatos contradictorios de sucesos sobrenaturales. Otros mencionaron incidentes relacionados con daños en las cosechas. En un nivel subjetivo, los acusadores podían usar el tribunal para librarse de los malos vecinos o de las personas con enfermedades mentales.

Estos juicios generalmente se centraban en si las personas eran malos cristianos o buenos cristianos, según la definición de la Iglesia católica. Los casos también fueron influenciados por las creencias de los aldeanos locales y las personalidades de los acusados.

En los tribunales medievales posteriores, la tortura se consideraba una forma legítima de asegurar la "verdad". Para dar validez a una sentencia, se creía que los testimonios de dos individuos "intachables" eran inestimables. De esta manera, se podían obtener condenas a pesar de la escasez de pruebas circunstanciales.

En muchos casos, el Consejo Real de Navarra transfirió casos al Tribunal de la Inquisición española. Sus sentencias eran normalmente más ligeras, y había restricciones sobre la tortura física. No se podían ordenar ejecuciones sin la aprobación del rey. Así, cuando los jueces consideraban que una persona no debía ser tratada con severidad, los acusados eran enviados a España. Sin embargo, había un problema con eso. A veces, los tribunales de la Inquisición imponían una pena de prisión, pero las condiciones eran tan malas en las prisiones que la gente moría, especialmente los ancianos.

Autonomía / Gobierno interno en el sur del País Vasco

En 1451, Labourd se convirtió en una provincia autónoma francesa. En 1589, la Baja Navarra se incorporó a Francia con la adhesión del rey Enrique IV.

El País Vasco Sur se refiere a las provincias que se encuentran geográficamente dentro de España: Vizcaya, Gipuzkoa, Álava y Alta Navarra. A lo largo de los siglos XIII y XIV, los vascos tuvieron su propio gobierno consistente en tradiciones orales y derecho consuetudinario. Tenían consejos generales llamados parlamentos forales, cada uno de los cuales cubría una provincia. Estos parlamentos tenían representantes elegidos entre los habitantes locales.

Durante la Edad Media, las provincias se dividían en *señoríos* vascos o *jaurerriak*. Eran títulos de propiedad hereditarios de territorios que eran dirigidos por un conde o un señor. Los reyes de varias zonas vascas, como el rey de Pamplona, tenían que jurar lealtad a ese líder.

Los *Fueros* en España

Los estatutos o *fueros* de los distritos vascos individuales daban a los vascos un grado de independencia fiscal, un sistema judicial, control del servicio militar y derechos constitucionales de las provincias fuera de Castilla. Los reyes castellanos tenían que jurar respetar las leyes vascas.

Las dificultades surgían cuando había conflictos entre las leyes de los territorios locales y el gobierno central. Por ejemplo, una persona podía escapar a la condena huyendo de Aragón a una provincia autónoma vasca.

En 1719, cuando el monarca español más absolutista, Felipe V, intentó centralizar su poder, las provincias vascas pudieron mantener su autonomía porque apoyaron a Felipe en la guerra de sucesión española.

El fin del gobierno autónomo en Francia

Las históricas provincias vascas de Labourd, Soule y la Baja Navarra estaban situadas geográficamente en Francia. En 1733 y en 1748, los Estados Generales —el órgano de gobierno en Francia— suprimieron el autogobierno de las provincias vascas a efectos de la tributación y el control del gobierno central.

Labourd se había debilitado por la crisis económica. Un patriota vasco de Labourd, Dominique Joseph Garat, defendió vigorosamente el estatus democrático de Labourd. En 1790, el Estado General se transformó en la Asamblea Nacional, y abolió el autogobierno en el País Vasco. En 1791, una nueva constitución fue aprobada en Francia, confirmando eso.

Guerra de los Pirineos

Los formidables Pirineos

Entre 1793 y 1795, la guerra de los Pirineos se libró entre el Reino de Francia y los Reinos de España y Portugal. La guerra de los Pirineos fue una de las muchas guerras revolucionarias francesas. Inicialmente, España permaneció neutral, pero cuando Francia le declaró la guerra a España, entraron en la guerra. El ejército francés reclutó entonces a vascos de las provincias vascas francesas; esta fue una práctica que continuó en el siglo XIX. El ejército francés invadió la provincia de Labourd, y hubo muchas muertes (1.600 en total) y deportaciones masivas. Muchos de los afectados huyeron a América.

Para facilitar la cronología, se han dividido en secciones separadas los dos escenarios de esta guerra.

La guerra en los Pirineos Orientales

En abril de 1793, el capitán general español Antonio Ricardos comandó el ejército catalán. Invadió la región de Cerdagne y capturó la comuna de Saint-Laurent-de-Cerdans. Después de eso, derrotó audazmente a las tropas francesas mal entrenadas en el río Tech, situado justo en la frontera hispano-francesa en el condado de Roussillon. Los franceses fueron comandados por un anciano comandante, Mathieu Henri Marchant de La Houlière, quien se deprimió tanto por su fracaso en la defensa de la zona que se suicidó. España dividió entonces su ejército en dos divisiones: el Ejército de los Pirineos Orientales y el Ejército de los Pirineos Occidentales.

En mayo, Ricardos atacó un campamento francés bajo el mando de Louis-Charles de Flers cerca de Mas Deu. Una vez que los franceses se fueron de allí, Ricardos atacó el Fuerte de Bellegarde en la ciudad de Le Perthus. Inmediatamente lo sitió. Alrededor de un mes y medio después, los franceses abandonaron el fuerte.

Ahora era julio. Ricardos persiguió a los franceses hacia Perpignan, la capital del Rosellón. Ricardos separó su ejército en cinco columnas. Al principio, hicieron buenos progresos. La tercera columna incluso capturó algunas colinas allí. Sin embargo, la segunda columna, bajo el mando de Jerónimo Girón-Moctezuma, marqués de las Amarillas, se retrasó y no pudo apoyar a la tercera columna como se suponía. Louis-Charles de Flers atacó entonces la tercera columna separada y la obligó a retroceder. Otra columna se dio la vuelta para ayudar, y pudieron reformar su posición. Pero entonces los franceses atacaron con toda su fuerza. Desafortunadamente, las columnas estaban demasiado separadas y los franceses las derrotaron.

Durante los meses siguientes, la guerra fue en ambos sentidos. A veces, los franceses pudieron repeler a los españoles, y en otras, los españoles pudieron ganar algunas sólidas victorias.

En diciembre de 1793, los portugueses se aliaron con Ricardos. Esta fuerza combinada obtuvo una victoria en la batalla de Villelongue-dels-Monts. A esta le siguió la batalla de Collioure a finales de mes, en la que los españoles ganaron los puertos franceses de Collioure y Port-Vendres.

Ricardos fue a Madrid para pedir refuerzos. El tiempo en las montañas era frío y húmedo, y pasó factura a Ricardos, que tenía sesenta y seis años. Ricardos murió de neumonía en marzo. Su sucesor, Alejandro O'Reilly, murió diez días después. Luis Firmin de Carvajal recibió entonces el mando del Ejército de Cataluña. Los franceses también asumieron un nuevo comandante, Jacques François Dugommier.

En abril de 1794, Dugommier regresó a Boulou para expulsar a los españoles. Tuvo éxito, ya que logró obligar a los españoles a abandonar su equipamiento. En mayo, los franceses recapturaron el puerto de Collioure y tomaron como prisioneros a 7.000 españoles de la guarnición de allí.

Dugommier entonces sitió el fuerte español en Bellegarde. En agosto, los españoles intentaron aliviar el asedio, pero no tuvieron éxito, y los soldados hambrientos se vieron obligados a rendirse. Muchos ya habían muerto de hambre.

En noviembre de 1794, las tropas españolas se unieron a las portuguesas. Los franceses los derrotaron en la batalla de la Montaña Negra. Fue una dura batalla para ambos bandos. Dugommier murió al principio de la batalla y fue reemplazado por Dominique Catherine de Pérignon. Luis de Carvajal, que lideró a los españoles, también murió. Los españoles/portugueses sufrieron pérdidas extremas, ya que se estima que 10.000 murieron o fueron heridos, y 8.000 fueron capturados. Los franceses perdieron menos, aunque todavía era un gran número; se cree que 3.000 murieron o fueron heridos.

La guerra en los Pirineos Occidentales

En febrero de 1794, los franceses bajo los comandantes Jean Henri Guy Nicholas de Frégeville y Augustin Lespinasse pudieron mantener sus posiciones en la cima de las colinas y su fortaleza durante la batalla del campamento de Sans Culottes contra la caballería y la infantería españolas bajo José Urrutia y de las Casas. Las pérdidas en ambos lados fueron pequeñas.

En marzo, los vascos españoles fueron asignados para proteger las fronteras de Sara, Itxassou y Ascain contra las tropas francesas que llegaban. No lo hicieron y en su lugar huyeron al País Vasco. Como castigo, los residentes de los pueblos vascos fueron agrupados en carros y llevados a las Landas, una gran zona boscosa en Gascuña. Se llevaron sus objetos de valor, y se cree que miles fueron sacados de sus casas, con alrededor de 1.600 muertos en el proceso.

En julio, el ejército francés de los Pirineos Occidentales atacó las posiciones españolas, lo que llevó a la batalla del valle de Baztán. El comandante del ejército francés, Bon-Adrien Jeannot de Moncey, condujo a sus fuerzas a una victoria decisiva sobre los españoles. Los franceses procedieron a lo largo del río Bidasoa y arrebataron la ciudad de Hondarribia.

Al mes siguiente, la ciudad de San Sebastián en Gipuzkoa se rindió a los franceses. Los nobles de San Sebastián intentaron negociar con los franceses. Afirmaron que apoyaban los ideales revolucionarios franceses e hicieron una petición para unirse a Francia. Sin embargo, tenían reservas con respecto a esa propuesta; querían que los franceses respetaran sus leyes regionales, la libertad de practicar el catolicismo y un conjunto de normas para la gestión de las cuestiones relacionadas con la guerra. Los franceses se negaron a aceptar las condiciones, y los representantes de Gipuzkoa fueron encarcelados o exiliados. Cuando el general Moncey escuchó esto, salió en apoyo de las instituciones gubernamentales de Gipuzkoa, lo que enfureció a las autoridades de Madrid. Como resultado, los españoles arremetieron contra los residentes vascos que vivían en Gipuzkoa. Cuando los representantes fueron liberados de su encarcelamiento (los que sobrevivieron al menos), fueron acusados de alta traición por las autoridades españolas y sometidos a juicio.

En octubre, Moncey se trasladó a Navarra, y los franceses resultaron victoriosos en la batalla de Orbaitzeta. Los españoles entonces cedieron su territorio al norte de Pamplona, y también perdieron su fundición de armas en Eugi y Orbaitzeta.

El invierno estaba llegando, y Moncey se dirigió a casa. El invierno fue duro, y Moncey perdió muchos hombres por enfermedad y frío. Al año siguiente, los franceses volvieron con toda su fuerza. En julio de 1795, tanto Vitoria como Bilbao cayeron ante los franceses, terminando la guerra y llevando a la Paz de Basilea.

La Paz de Basilea

Manuel Godoy, Primer Secretario de Estado de España, estaba preocupado de que la provincia de Gipuzkoa intentara ceder a Francia, como habían deseado al principio de la guerra. A cambio de Gipuzkoa, Godoy cedió dos tercios de la isla caribeña de La Española a Francia. A petición del comandante francés Moncey, se añadieron enmiendas al acuerdo, declarando que España no tomaría represalias contra los vascos que habían expresado su lealtad a Francia. Este tratado se firmó en 1795.

El ineficaz Estatuto de Bayona

En 1804, Napoleón Bonaparte se coronó a sí mismo emperador de Francia. En 1808, Napoleón invadió y conquistó España. Nombró a su hermano, José, como el nuevo rey de España. El Estatuto de Bayona fue negociado con José Bonaparte. Este estatuto tenía específicamente una redacción que reconocía el principado vasco, permitiendo un grado de autonomía. Este estatuto fue virtualmente ignorado en la práctica.

En 1812, la Constitución Española, también conocida como la Constitución de Cádiz, fue aprobada. Sin embargo, la Constitución de Cádiz pasó totalmente por alto al País Vasco. Especificaba que España era una nación por derecho propio. Debido a que no se hicieron concesiones en el reconocimiento de los *fueros* de los distritos vascos, la población vasca estaba preocupada de perder cualquier oportunidad de tener un autogobierno. Como resultado, se enviaron diputados a Cádiz para aclarar esto. Pidieron al Parlamento de Navarra que hiciera este cambio. Sin embargo, su petición fue rechazada.

En el corazón del tema vasco estaba la superposición de la guerra peninsular, que se libró entre Gran Bretaña, Portugal y Francia por el liderazgo de España. En 1814, después de esa guerra, José Bonaparte abdicó del trono de España, y el poder fue restaurado al antiguo monarca, Fernando VII. El rey Fernando era un monarca absoluto. Con el ascenso de Fernando, se produjo un retorno a la ortodoxia. El catolicismo era la religión obligatoria en España y en el País Vasco.

Las tres provincias en las que se encuentran las regiones vascas en Francia —Labourd, Soule y Baja Navarra— estaban bajo jurisdicción francesa. Los vascos que vivían allí fueron reclutados en las fuerzas armadas de Francia. Esta zona es lo que hoy se llama el País Vasco francés.

Capítulo 7 - El período moderno

La primera guerra carlista en España, 1833-1840

En 1833, la reina Isabel II tomó el trono, pero no tenía ni tres años. Don Carlos María Isidro Benito de Borbón era el hijo menor de Carlos IV y se convirtió en pretendiente al trono con el nombre de Carlos V. Era más tradicional y apoyaba la causa de la autonomía vasca.

Los partidarios vascos de don Carlos se unieron bajo el liderazgo militar del vasco Tomás de Zumalacárregui, y se formó un ejército financiado por las provincias vascas de España. El Carlismo, llamado así por don Carlos, que era esencialmente un movimiento político español, apoyó a don Carlos como legítimo heredero al trono español en oposición a Isabel II. Eventualmente se transformó en un conflicto ideológico entre conservadores y liberales en las provincias vascas. Los vascos se alarmaron, ya que pensaron que nunca recuperarían el gobierno autónomo que habían logrado una vez a través de los *fueros*, que habían sido abolidos por la antigua Constitución española.

Los vascos españoles decidieron unirse al ejército que representaba a los tradicionalistas. Les preocupaba que una postura más liberal amenazara aún más sus derechos a gobernarse a sí mismos, ya que no ayudaría a su causa de mantener cierto nivel de autogobierno.

Las motivaciones vascas

Los vascos eran maestros altamente calificados del mar en las zonas del norte de España y el suroeste de Francia. Los vascos tenían numerosos puertos y rutas comerciales establecidas, y el difunto rey Fernando VII de España estaba complacido con ese arreglo. Sin embargo, la Constitución de Cádiz eliminó la autonomía y los *fueros*. A los vascos se les prometió que Carlos, el contendiente al trono, protegería sus libertades individuales y restablecería los *fueros*. Sin embargo, esta guerra enfrentó a vascos contra vascos, ya que no todos los vascos creían en don Carlos, aunque la gran mayoría sí.

En 1834, Zumalacárregui y los vascos descendieron de las montañas a Álava y derrotaron al general Manuel O'Doyle. En 1835, casi toda Gipuzkoa y Vizcaya estaba en manos carlistas.

Zumalacárregui empezó a depender de los suministros confiscados al enemigo y se vio obligado a luchar en una guerra de guerrillas. Los carlistas querían ganar el control de los puertos marítimos, pero Zumalacárregui prefirió marchar a Madrid y reclamar el trono para don Carlos. Zumalacárregui obedeció sus órdenes, sin embargo, y sitió Bilbao en 1835. Allí fue herido, y debido a una mala atención médica, murió. Los enfrentamientos posteriores se volvieron contra los carlistas. Algunos de los partidarios contemporáneos del gobierno vasco, como John Francis Bacon, no confiaban en que Carlos mantuviera su acuerdo de establecer el gobierno autónomo, diciendo que Carlos "encontraría rápidamente excusas para infringirlas".

En 1839, la Convención de Vergara, también conocida como el "Abrazo de Vergara", terminó con la primera guerra carlista. En virtud de ese tratado, el gobierno autónomo vasco fue modificado, junto con los *fueros*. Un acto posterior, el Acta de Compromiso de 1841, disolvió el Reino de Navarra, convirtiéndolo en una provincia española. Sin embargo, Navarra mantuvo su control sobre los impuestos dentro de su provincia.

Consecuencias económicas

Después de la primera guerra carlista, el general Espartero se convirtió en el regente de la joven Isabel II. Como resultado de la guerra, el tesoro se agotó. El comercio, que había beneficiado enormemente a Pamplona, cayó dramáticamente porque el comercio entre Pamplona y Bayona casi cesó una vez que las aduanas fueron trasladadas por el gobierno francés a las provincias vascas francesas. Además, algunas tierras comunes fueron confiscadas por el gobierno francés, dejando a muchos vascos franceses en la pobreza. Hubo hambrunas y una emigración masiva a los Estados Unidos por parte de los vascos franceses.

La tercera guerra carlista, 1872-1876

Aunque hubo una segunda guerra carlista en España, no afectó tanto a los vascos. La tercera guerra carlista, sin embargo, fue crucial para el País Vasco. El gobierno español era inestable, habiendo pasado por una alta rotación de funcionarios, y la pobre situación económica del país contribuyó al descontento del pueblo español. En 1868, la reina Isabel II abdicó del trono y fue sucedida por un príncipe italiano, Amadeo I, en lugar de un español, lo que dio lugar a un resentimiento popular.

Los carlistas apoyaron a Carlos VII, el nuevo pretendiente al trono, y reclutaron a los vascos para que se levantaran contra el gobierno español en 1872. Los vascos establecieron un estado temporal propio en las provincias españolas de Álava, Vizcaya, Gipuzkoa y Navarra. Exigieron el restablecimiento de la autonomía y los estatutos, como los *fueros* del pasado. Los vascos también querían una exención del servicio militar obligatorio español, ya que no querían luchar en sus guerras.

A pesar de que no estaban bien equipados, los vascos ocuparon algunos pueblos españoles, incluyendo Estella y La Seu d'Urgell en Navarra, y sitiaron las ciudades de San Sebastián y Bilbao. Los carlistas establecieron entonces la ciudad de Estella como su nueva capital temporal.

La Primera República Española, 1873-1874

Desafortunadamente, los vascos no tuvieron éxito con sus asedios a San Sebastián o Bilbao, pero sí ganaron la atención de Francia y España a su causa. En 1873, Amadeo I abdicó, y España estableció la Primera República Española hasta que pudieran resolver la crisis de sucesión. En diciembre del año siguiente, Alfonso XII, hijo de la reina Isabel II, fue nombrado rey de España.

Aunque la monarquía fue restablecida, los carlistas continuaron luchando. Muchos carlistas o bien se pasaron al otro bando o fueron juzgados, por lo que los carlistas restantes intentaron en su mayoría mantener las posiciones que tenían después de este punto. El general carlista Torcuato Mendiri consiguió una victoria en el Lácar, y también pudo capturar material militar de las tropas del gobierno y tomar cientos de prisioneros. Alrededor de mil hombres murieron en esta batalla, la mayoría de ellos de las fuerzas gubernamentales. Lamentablemente, Mendiri no pudo repetir su victoria en 1875, y se vio obligado a retirarse de las fuerzas del gobierno. Después de eso, fue despedido. Su sustituto, el príncipe Alfonso, conde de Caserta, no pudo detener el avance del gobierno, a pesar de que disponía de mucho equipo y hombres.

En 1876, los carlistas perdían terreno y tuvieron que entregar la ciudad de Estella. Una vez perdida Estella, los carlistas se desanimaron y huyeron. Incluso Carlos VII, el pretendiente, abandonó España por completo. En febrero de 1876, el rey Alfonso XII marchó triunfante a la ciudad vasca de Pamplona.

Después de la tercera guerra carlista, las provincias vascas perdieron su dominio y fueron puestas bajo la ley marcial. El gobierno español entró entonces en negociaciones con los vascos para lo que se llamó el Acuerdo Económico Vasco.

El Acuerdo Económico Vasco

Debido a las necesidades únicas del pueblo vasco, se llegó a un acuerdo económico con España en 1878 en relación con los impuestos. Este acuerdo estipulaba que las provincias vascas debían "pagar los impuestos según sus posibilidades, de la misma manera que los demás españoles". Sin embargo, el gobierno español presentó una cierta cuota que esperaban en base a los resultados del pasado. Los *fueros* del pasado fueron abolidos, pero se permitió a las diputaciones provinciales continuar como antes, lo cual desarrollaría su propio sistema de recaudación de impuestos.

Además de los impuestos que se imponían a las personas físicas, había impuestos fijos, como los impuestos territoriales (sobre la propiedad), los impuestos industriales (por ejemplo, sobre la producción de hierro), los impuestos sobre la transferencia de dinero, un impuesto de timbre y un impuesto sobre el consumo.

El auge del nacionalismo vasco en el siglo XIX

Los vascos en Francia se polarizaron políticamente entre los monárquicos y los republicanos. La mayoría de los vascos eran monárquicos, que era un partido que se identificaba con el catolicismo. Después de la guerra de los Pirineos, el francés fue considerado la lengua nacional. Con el paso del tiempo, los vascos comenzaron a hablar su propio idioma en las comunidades vascas.

Los vascos en Francia se involucraron más en la economía cuando se completó el ferrocarril a través de Aquitania en 1864. La mezcla de los pueblos vascos y no vascos tuvo lugar, e incluso llegó el turismo.

Aunque a los vascos de las zonas españolas les fue mejor que a los franceses después de las guerras carlistas, los españoles nunca apreciaron la singularidad de las culturas o prácticas vascas como lo hicieron una vez que los *fueros* estuvieron en su lugar. Aunque nadie podía realmente aniquilar el uso del idioma vasco, especialmente en las provincias vascas, lo intentaron.

En el Parlamento español, Sabino Arana creó el Partido Nacionalista Vasco en 1895. Inicialmente, los nacionalistas vascos eran algo xenófobos. De Arana era un purista y creía que la raza vasca era moralmente superior y también apoyaba el catolicismo antiliberal. Creía que todos los miembros debían ser capaces de demostrar su ascendencia vasca. Desalentó la inmigración de españoles no vascos y animó a los vascos a casarse solo dentro de la comunidad vasca y a hablar el idioma vasco.

Capítulo 8 - Economía

Marineros expertos

Los vascos han sido y siguen siendo excelentes marineros, pescadores y constructores de barcos. El conocido explorador francés Samuel de Champlain dijo una vez que los vascos eran "los hombres más inteligentes en esta pesca". Se refería específicamente a sus habilidades en la caza de ballenas.

Los vascos tenían una amplia costa que se abría al golfo de Vizcaya y usaban sus puertos de la costa norte para navegar hasta Irlanda y el norte de Inglaterra, donde realizaban un gran comercio. El aceite de ballena se usaba en lámparas en los primeros días; la grasa de ballena podía usarse para fabricar jabón, cosméticos y en la fabricación de cuero.

Caza local de ballenas

La caza de ballenas en el siglo XVIII; era traicionera, pero lucrativa

La caza de ballenas era más común entre los vascos en España, especialmente en los puertos de Gipuzkoa y las provincias de Vizcaya, que en Francia. El rey Sancho VI, también conocido como Sancho el Sabio, que sirvió como rey de Navarra en el siglo XII, había creado una exitosa industria ballenera para los vascos. La caza de ballenas se desarrolló bastante bien hasta finales del siglo XIX. Sancho VI concedió ciertos privilegios a la ciudad de San Sebastián, permitiendo a sus habitantes distribuir y albergar productos balleneros. También hizo que sus marineros se concentraran en la ciudad de Bayona, donde tenían un mercado dinámico. Había que pagar derechos por el almacenamiento de estos productos, lo que aumentaba el flujo de dinero.

Por supuesto, hoy en día se desalienta la caza de ballenas, pero en aquella época había suficientes ballenas en la zona, por lo que no tuvo un impacto significativo hasta siglos posteriores, cuando la sobreexplotación disminuyó la población de ballenas frente al golfo de Vizcaya y en las zonas de pesca del Atlántico Norte.

Pesca en el Atlántico Norte

La caza de ballenas se aceleró frente a la costa de Inglaterra y continuó siendo lucrativa a través de los años. Esto fue beneficioso tanto para los vascos como para los ingleses, quienes, a su vez, prepararon los productos de ballena y los enviaron al extranjero, enviándolos hasta Brasil. En Brasil, los balleneros vascos instruyeron a los brasileños en el comercio y en el desarrollo de nuevos usos para la grasa de ballena (por ejemplo, la grasa de ballena podría utilizarse como lubricante para su maquinaria en los ingenios azucareros). El comercio de Brasil se detuvo bruscamente cuando algunos marineros vascos cortaron árboles para obtener madera de Brasil. La madera de Brasil es extremadamente útil para hacer mástiles para los barcos. Portugal, que controlaba la colonia de Brasil, se enfureció, ya que tenían un monopolio real sobre el producto.

A través de los años, la industria ballenera vasca se encontró con dificultades con los intereses extranjeros, como Islandia y el norte de Noruega. Esos países se resintieron de la infracción de los balleneros vascos, ya que la caza de ballenas también era parte de su historia. Los vascos pudieron hacer negocios por un tiempo, pero finalmente tuvieron que abandonar esas aguas después de que los extranjeros destruyeran algunos de sus equipos en retribución por las incursiones. La piratería y el saqueo a veces tenían lugar en el mar cuando los barcos ingleses los atacaban. Incluso barcos daneses se apoderaron de barriles de grasa cuando los vascos llegaron al puerto para venderlos. La interferencia humana comenzó a ser aún más peligrosa que el proceso real de la caza de ballenas.

Expansión industrial

Los vascos perdieron muchas ventajas después de la supresión de los *fueros* tras las guerras carlistas. La zona de Vizcaya solía producir hierro de alta calidad, que vendían localmente, pero en el siglo XIX, comenzaron a exportar el mineral a Gran Bretaña, que era más rentable. Los empresarios vascos lo reinvirtieron en el desarrollo de equipos y maquinaria para elaborar productos siderúrgicos más avanzados para la exportación. Esto dio lugar a un "mini-boom industrial".

Para mantener la demanda, se contrataron extranjeros. La mayoría hablaba español, pero tenían culturas diferentes a las de los vascos. Además, estos recién llegados no eran inversores. Eran muy pobres y buscaban cualquier trabajo estable que pudieran encontrar.

El sistema ferroviario que se había puesto en marcha recientemente era excelente para el envío de productos a otras zonas del País Vasco y a los puertos de ultramar. El ferrocarril también ayudó a desarrollar las zonas costeras, donde se construyeron centros turísticos. Como los vascos tenían muchos edificios con arquitectura románica, las visitas turísticas eran frecuentes.

Minería

En el siglo XIX, las industrias de Vizcaya se expandieron exponencialmente. Una de las primeras fábricas de hierro se llamó Santa Ana de Bolueta. La población de la zona casi se duplicó, ya que los vascos emigraron allí para trabajar. Otra ciudad llamada Barakaldo también creció rápidamente. Esta ciudad tenía una fábrica de dinamita para el servicio de las minas, y eso, a su vez, desencadenó la construcción de una planta siderúrgica. Los vascos contrataron a otros vascos del interior, pero no había suficientes trabajadores, ya que los vascos habían perdido a mucha de su gente por la emigración. Como resultado, tuvieron que depender de la mano de obra inmigrante. A finales del siglo XIX, la humilde provincia de Vizcaya era la principal exportadora de mineral de hierro del mundo.

La calidad de su mineral era bastante alta, y durante esa época, los inversores extranjeros se interesaron por las minas de hierro vascas. Gran Bretaña era su mayor cliente. En 1902, se estableció Altos Hornos de Vizcaya. Fue la fusión de tres negocios: Altos Hornos de Bilbao, La Vizcaya y La Iberia. Más de noventa millones de toneladas de mineral fueron extraídas en su máximo nivel de producción.

La mayoría de las minas estaban en manos de la élite vasca y de los ricos. De hecho, solo un pequeño número de familias del clan, es decir, los Chavarri e Ibarra, poseían la mitad de los intereses mineros. Sus minas producían más del 60 por ciento del hierro en España. Desafortunadamente, esto obligó a las empresas más pequeñas a cerrar.

Los vascos necesitaban el carbón producido en la provincia de Asturias al oeste para alimentar su industria del hierro, pero los asturianos tenían que depender de servicios ferroviarios poco fiables y caros para transportarlo a Vizcaya. Así que los vascos tenían que conseguir el carbón de los británicos, que lo vendían más barato. Así, los extranjeros no invertían en las minas de carbón, ya que obtenían menos beneficios de ellas. España también cobraba aranceles muy altos por sus exportaciones, lo que provocaba una disminución de los pedidos. Solo durante la Primera Guerra Mundial los vascos y los asturianos pudieron obtener beneficios. Después de la guerra, sin embargo, las industrias del carbón y del hierro entraron en crisis.

En la provincia de Gipuzkoa, las industrias textiles florecieron. Hubo empresas textiles como la Algodonera de San Antonio y fábricas de papel en Oria y Tolosa. En 1920, había más empresas textiles y una pequeña empresa de máquinas de coser, que se llamaba simplemente Alfa.

Capítulo 9 - El siglo XX

El nacionalismo vasco

Después de las guerras carlistas del siglo XIX, hubo una emigración de vascos a las Américas. Para satisfacer las demandas de comercio, los extranjeros entraron en el País Vasco. Sin embargo, los vascos deseaban desesperadamente preservar su cultura e idioma únicos, y los vascos sentían que estos inmigrantes amenazaban la integridad de su cultura e idioma. En 1931, el Partido Nacionalista Vasco y los republicanos trabajaron juntos para desarrollar el Estatuto de Estella, que pedía la creación de un estado autónomo para los condados vascos españoles de Álava, Vizcaya y Gipuzkoa. No recibió suficiente apoyo debido a las divisiones entre los carlistas. Se propuso una versión más abreviada, pero los acontecimientos políticos intervinieron, retrasando así cualquier acción.

La Segunda República Española, 1931-1939

La iniciación de la Segunda República Española en 1931 provocó una reacción ambivalente de los vascos. Las provincias de Vizcaya, Gipuzkoa y, en menor medida, Álava apoyaron a los republicanos. Aunque los republicanos de izquierda mantenían una política anticatólica, apoyaron un cierto grado de autonomía para los vascos. Navarra, sin embargo, se oponía a la nueva república. Tuvieron dificultades legales en cuanto a la validez del proceso de votación y argumentos sobre la nomenclatura utilizada para identificarlo.

El efímero Estatuto de Autonomía del País Vasco de 1936

En 1936, la principal facción política, los republicanos, lograron la tan ansiada aprobación del Estatuto de Autonomía del País Vasco. Protegía los privilegios tradicionales concedidos a los vascos del pasado. José Antonio Aguirre asumió la dirección del Estado de "Euskadi", convirtiéndose en el primer presidente del País Vasco. Su primer acto fue reunir fuerzas para enfrentarse a la facción rival en la actual guerra civil española. Aguirre formó un gobierno conciliador compuesto por socialistas, comunistas, republicanos y nacionalistas.

La guerra civil española, 1936-1939

Esta guerra enfrentó a un sinnúmero de organizaciones que luchaban por el control de España y el tipo de gobierno que España adoptaría. Un bando, generalmente llamado los republicanos, representaba a grupos que incluso abrazaban ideologías conflictivas. A pesar de sus diferencias, se oponían firmemente al otro lado, llamado los Nacionalistas. Los vascos estaban alineados con los republicanos.

Manuel Azaña era el líder de los republicanos. Este lado también tenía el apoyo del ejército regular español, llamado Ejército Popular de la República. Había muchos otros grupos también, cada uno con su propia agenda:

>1. El Frente Popular —incluía socialistas, comunistas, nacionalistas valencianos y otros. Los nacionalistas valencianos apoyaban un estado nacional separado para el pueblo de la región de Cataluña.
>
>2. La UGT (*Unión General de Trabajadores*) —un sindicato español.
>
>3. La CNT-FAI (*Confederación Nacional del Trabajo* o Federación Anarquista Ibérica) —organizaciones anarquistas que estaban estrechamente vinculadas.

4. La *Generalitat de Catalunya*, o Gobierno de Cataluña — el autogobierno de Cataluña en el noreste de España.

5. *Euzko Gudarostea* — el ejército vasco.

6. Brigadas Internacionales — unidades militares apoyadas por los comunistas.

Los nacionalistas fueron dirigidos por el General Francisco Franco. Franco buscaba devolver a España al abrazo de la monarquía, preferiblemente con él como líder.

Francisco Franco

Los grupos nacionalistas se enumeran a continuación:

1. La FET y de las JONS (*Falange Española Tradicionalista y de las Juntas de Ofensiva Nacional Sindicalista*), partido que apoyó a los antiguos carlistas y a la candidatura de Francisco Franco.

2. La *FE de las JONS* (*Falange Española de las Juntas de Ofensiva Nacional Sindicalista*) —los fascistas; en 1936 se unió a la FET y de las JONS para convertirse en el único partido legal de España.

3. Los Requetés —un grupo que apoyaba a una facción escindida de los antiguos carlistas.

4. La *Renovación Española* —Realistas que apoyaron la restauración de la antigua monarquía.

5. El Ejército de África —específicamente Marruecos, que era una colonia española en ese momento.

6. Italia —Italia, que estaba gobernada por los fascistas, apoyó a Franco.

7. Alemania —Alemania, dirigida por Adolf Hitler, apoyó a Franco y a su Partido Nacionalista para crear apoyo para él y sus planes futuros.

Francisco Franco de los Nacionalistas tenía la mira puesta en capturar Madrid y destruir la Segunda República Española. Sin embargo, antes de trasladarse a Madrid, decidió intentar tomar posesión de la provincia de Vizcaya, junto con todos sus puertos a lo largo del golfo de Vizcaya.

El bombardeo de Guernica

Franco se oponía mucho a los vascos y a lo que ellos representaban. El 26 de abril de 1937, sus partidarios alemanes enviaron la Legión Cóndor de la Luftwaffe —la fuerza aérea alemana nazi que ayudó en la guerra civil española— que bombardeó fuertemente la ciudad de Guernica en Vizcaya. Hubo cinco oleadas de bombardeos, y los aviones llevaron entre 100 y 110 libras de bombas. Tres cuartas partes de la ciudad fueron destruidas. Las carreteras que conducía a la entrada y salida del centro de la ciudad fueron destruidas. Curiosamente, la fábrica de armas no fue destruida, ni tampoco el *Gernikako Arbola* ("El Árbol de Gernika"), el roble que simbolizaba la civilización vasca. Hay varias estimaciones de la cantidad de muertos por este ataque. Testigos oculares de la época creen que hubo unas 1.700 bajas.

Árbol de Gernika

Batalla de Bilbao

El gobierno de Aguirre solo estuvo en el poder hasta junio de 1937, cuando los nacionalistas atacaron Bilbao. Se construyó un "anillo de hierro" para proteger al gobierno. Este era un anillo de fortificaciones construidas apresuradamente alrededor de la capital. El anillo fue fácilmente roto durante la batalla de Bilbao. Con la caída de

Bilbao, Aguirre y el gobierno se trasladaron a Trucios, Cataluña y Santander sucesivamente. El ejército republicano fue a Santander a negociar un acuerdo, pero Franco canceló cualquier acuerdo y encarceló a 22.000 de ellos. Algunos fueron liberados, pero otros permanecieron en prisión. Quinientos setenta hombres fueron ejecutados.

En agosto y septiembre de 1937, la campaña se trasladó a la provincia de Aragón. Los republicanos, bajo el mando del comandante Enrique Lister, tenían una enorme fuerza de infantería respaldada por tanques y aviones. Los nacionalistas dependían exclusivamente de la infantería, pero tenían un gran número de hombres. Esta campaña fue una victoria republicana, pero no lograron ganar terreno significativo.

Los republicanos todavía tenían una cantidad significativa de territorio en Cantabria, así que trasladaron su ofensiva allí. Desafortunadamente para los republicanos, los nacionalistas casi duplicaron el número de fuerzas.

Los republicanos lanzaron dos ataques contra los nacionalistas, pero ambos intentos fracasaron, lo que llevó a los vascos a perder el control de Bilboa. La barbarie de este ataque fue recordada por el famoso pintor Pablo Picasso en su obra *Guernica*.

El fin antes del fin

Con la ayuda de los maestros marineros vascos, los republicanos aseguraron el control de varias ciudades costeras. Sin embargo, las fuerzas de Franco dominaron a las fuerzas republicanas en la España continental, y no ayudó que Madrid fuera sitiada en noviembre de 1936. Los republicanos pudieron evitar a los nacionalistas durante bastante tiempo.

La "Traición de Santoña"

Después de soportar ese salvaje ataque, los vascos se rindieron, haciéndolo antes de que la guerra civil española terminara. Las fuerzas italianas representaron a Franco, y firmaron el Acuerdo de Santoña, en el que el ejército vasco se rendiría. Después de eso, los soldados vascos capturados serían tratados como prisioneros de guerra de acuerdo con el derecho internacional.

Cuando Franco vio el acuerdo, lo destrozó y encarceló a 22.000 soldados vascos capturados. Trescientos fueron liberados varios meses después, pero 510 fueron ejecutados. El resto permaneció en prisión por un período de tiempo no especificado. De ahí que el Acuerdo de Santoña fuera apodado la "Traición de Santoña".

En 1938, los nacionalistas atravesaron las fuerzas republicanas, cortándolas en dos. Franco se volvió entonces hacia Cataluña y capturó Barcelona, que era su capital. Viendo que estaban perdiendo, los republicanos ofrecieron hacer un acuerdo. Franco rechazó su propuesta y siguió luchando.

La lucha puerta a puerta durante la guerra civil española

La batalla de Madrid

Los republicanos sabían que tenían la ventaja cuando se trataba de Madrid, pero el nacionalista Emilio Mola no iba a dejar que eso lo detuviera. El 8 de noviembre de 1936, atacó Madrid. Los tanques Panzer I alemanes entraron con estruendo, mientras que las bombas de la Legión Cóndor alemana caían del cielo. Las fuerzas republicanas se defendieron con sus rifles y una cantidad racionada de municiones. Sabían que eran superados, y algunos trataron de huir, pero el general republicano José Miaja se lo impidió, diciendo que debían morir en lugar de correr como cobardes.

Una modesta fuerza de socorro llegó para apoyar a los nacionalistas, pero estaban mal entrenados. Su falta de habilidad dio a los republicanos un impulso de confianza. El 9 de noviembre, una fuerza republicana atacó a los nacionalistas en la Casa de Campo y los obligó a regresar.

El 12 de noviembre, una fuerza republicana llegó para ayudar. Atacaron el cerro de los Ángeles para evitar que los nacionalistas cortaran las rutas hacia el sur de España. La confusión de idiomas confundió ese esfuerzo, pero afortunadamente, el camino a Valencia en el sur de España era accesible.

El 19 de noviembre, los nacionalistas atacaron el barrio de la Ciudad Universitaria en el corazón de Madrid. Se produjo una lucha puerta a puerta. Los contraataques de los republicanos se produjeron en todo este distrito, ya que no estaban dispuestos a quedarse sin luchar. Franco se dio cuenta de que estaba perdiendo mucha de su infantería debido a los implacables ataques de los republicanos, y tomó la dura decisión de retirarlos para intentar mitigar sus pérdidas.

Como la invasión terrestre no funcionó, Franco recurrió al bombardeo aéreo. Es difícil decir si esta invasión valió la pena. Las muertes fueron bastante bajas, y la gente alrededor del mundo condenó la acción, ya que fue uno de los primeros bombardeos de civiles en la historia.

Los combates continuaron. A veces, ambos bandos estaban tan desgastados que los combates cesaban brevemente, pero nadie tomaba la delantera de forma definitiva. Sin embargo, esto cambió a principios de 1939. Para entonces, solo Madrid y otros pocos bastiones quedaban bajo control republicano. Madrid cayó a finales de marzo, y Valencia, el último gran reducto, se rindió poco después. Francisco Franco entró en Madrid y declaró la victoria el 1 de abril de 1939.

Atrocidades

Se cometieron atrocidades en masa durante esta guerra, ya que había muchas facciones más pequeñas que tenían sus propias diferencias ideológicas.

En los primeros meses, 7.000 sacerdotes, monjes y monjas fueron ejecutados por los nacionalistas. Los combatientes nacionalistas violaron a las mujeres republicanas. Durante 1940, 500.000 personas fueron enviadas a campos de concentración. Muchos de ellos eran refugiados españoles que esperaban encontrar refugio en Francia, pero tan pronto como llegaron, fueron enviados a campos de concentración. Se estima que las personas ejecutadas después de la guerra fueron 250.000.

Los republicanos también fueron culpables de cometer atrocidades. En particular, los republicanos atacaron al clero y a los civiles que creían que eran simpatizantes del nacionalismo. Es difícil calcular el número de personas que murieron realmente, ya que el régimen de Franco infló las cifras con fines propagandísticos, pero se cree que fue de alrededor de 50.000.

Se estima que hasta un millón de personas murieron en la guerra civil española. Fue la más sangrienta y brutal de la historia de España.

Los vascos franceses durante la Segunda Guerra Mundial

Apenas un año después de que la guerra civil española terminara, el País Vasco francés fue ocupado por los militares alemanes. El gobierno francés se trasladó de París a Vichy, estableciéndose en lo que se llamó la Zona Libre. Las áreas dentro de la pequeña provincia de Soule y las áreas orientales de la Baja Navarra en Francia estaban dentro de esta zona. Los vascos apoyaban el régimen de Vichy. Philippe Pétain era el Jefe de Estado de la Francia de Vichy.

La Francia de Vichy, aunque era esencialmente un estado cliente de los nazis, llevó a cabo operaciones secretas para resistir la ocupación alemana, que estaba, en ese momento, enmarcada en la Segunda Guerra Mundial. El norte de Francia, incluyendo el País Vasco francés, estuvo bajo control alemán hasta el final de la guerra. Cualquier vasco español que pudiera haber huido de España fue inmediatamente arrojado a campos de concentración.

Los codificadores vascos

Debido a que el *euskara*, el idioma vasco, era tan diferente de los idiomas indoeuropeos, algunos vascos que vivían en los Estados Unidos, China y Filipinas fueron usados como "habladores de códigos". Un codificador es alguien que habla un idioma poco común. Estos habladores de códigos ayudaron al esfuerzo bélico de los Aliados transmitiendo mensajes secretos a las tropas americanas que operaban en el escenario del Pacífico. Se dijo que los tenientes Nemesio Aguirre y Fernández Bakaicoa enviaron un par de mensajes sobre la batalla de Guadalcanal. Había un deseo de contratar a más codificadores vascos, pero no había suficientes que vivieran en un país libre. Así que, los nativos americanos fueron empleados en su mayoría para esa tarea.

Francisco Franco

Francisco Franco se convirtió en el presidente de España después de la guerra civil española. Discutió la posibilidad de involucrarse con Adolf Hitler y el régimen nazi en la Segunda Guerra Mundial, pero las concesiones que quería no atrajeron a Hitler. Franco también se dio cuenta de sus limitaciones militares, especialmente si su marina tenía que enfrentarse a la de Gran Bretaña. Una vez, Winston Churchill le dio las gracias por no bloquear la entrada a los aliados en Gibraltar: "En los oscuros días de la guerra la actitud del gobierno español de no dar a nuestros enemigos el paso por España fue extremadamente útil para nosotros". En realidad, Franco sabía que no podía bloquear el paso a Gibraltar militarmente, ni resistirse a que los Aliados recibieran alguna ayuda ocasional de él, como ayudar a los pilotos americanos que tenían que saltar sobre España. Sin embargo, Franco le dio algo de ayuda a Hitler. Por ejemplo, permitió que los españoles se unieran voluntariamente a las fuerzas del Eje si así lo deseaban.

Ejecutó a sus enemigos políticos o los puso en campos de trabajo en condiciones inhumanas. Los historiadores estiman que entre 30.000 y 50.000 murieron debido a su opresión.

La campaña de Franco contra los vascos

Franco proscribió a los nacionalistas vascos, llamándolos comunistas, y prohibió el uso de la lengua vasca. Franco era un ferviente anticomunista, e intentó asociar a los vascos con los comunistas para darse una excusa para encarcelarlos. Se formaron asociaciones de resistencia, que fueron creadas a partir de los partidos políticos vascos: el EAJ-PNV (Partido Nacional Vasco), la Acción Nacionalista Vasca, la división vasca del Partido Socialista Español, y la Izquierda Republicana Vasca. Cada vez que alguno de esos grupos intentaba programar una actividad, Franco hacía que los arrestaran. Debido a su afición por el encarcelamiento y las ejecuciones, los nacionalistas vascos pasaron a la clandestinidad.

En 1951, alrededor de 250.000 trabajadores de Álava y Navarra se declararon en huelga. Franco respondió rápidamente con golpizas, despidos y encarcelamientos. El EAJ-PNV, sin embargo, emprendió otras actividades, como la celebración de festivales de música vasca, espectáculos artísticos y la narración de viejos cuentos populares relacionados con su cultura. En la clandestinidad, enseñaron el *euskara*, el idioma vasco, a sus hijos.

Durante el mandato de Franco hubo ataques terroristas patrocinados por la organización clandestina ETA, que significa *Euskadi Ta Askatasuna* ("Patria Vasca y Libertad"). Era una organización de extrema izquierda, y su objetivo declarado era la total independencia de todas las provincias vascas tanto en España como en Francia. Los miembros de ETA incluso asesinaron a un aspirante a la próxima presidencia, Luis Carrero Blanco, que tenía las mismas opiniones políticas que Franco. Además, ETA llevó a cabo otros violentos ataques terroristas.

Durante su gobierno, Franco empleó a los GAL, que eran escuadrones de la muerte, para detener cualquier forma de terrorismo. También le asignó a GAL la tarea de matar a cualquier persona que considerara una amenaza para su administración. Eso incluía a ETA.

El primer miembro de ETA que fue asesinado en acción fue Txabi Etxebarrieta en 1968. Fue asesinado por la Guardia Civil (la agencia policial más antigua de España), y su funeral atrajo a mucha gente. La muerte de Etxebarrieta fue comparada con la de Jesucristo, y se dijo que murió por la "religión" de la patria oprimida. Un conocido escultor vasco, Jorge Oteiza, diseñó una figura de tipo piedad en la iglesia donde Etxebarrieta fue enterrada. Hoy en día se le considera un patriota vasco.

La transición a la democracia

Francisco Franco renunció en 1975, y Juan Carlos I se convirtió en el rey de España. Aunque Carlos le dijo a Franco que continuaría con su política, no tenía intención de hacerlo. Había sido testigo de la extrema represión de Franco y sus tristes consecuencias. Aunque Franco había traído prosperidad al país, Carlos se entristeció por la brutalidad del reinado de Franco. No hay duda de que eso tendría repercusiones.

Se aprobó la Constitución Española de 1978, que concedió reformas democráticas, incluyendo la adecuada representación de las distintas provincias del país. No era una constitución en sentido estricto, como se observaba en la mayoría de los demás países. Fue deliberadamente abierta. España está descentralizada en el sentido de que tiene diferentes comunidades autónomas dentro de sus cincuenta provincias, cada una con sus propias leyes específicas. Sin embargo, tenían que responder a un poder superior, que era el rey y la administración general de España.

Según el artículo 151 de la Constitución española, el Estatuto de Autonomía del País Vasco fue aprobado en 1979. Cada comunidad vasca tenía su propia constitución, que fue votada por una mayoría de tres cuartos de cada provincia. Cada provincia tenía su propio parlamento, una asamblea legislativa, un consejo con un presidente elegido y asesores (que también eran elegidos por la asamblea), y su propio tribunal de justicia. Se les permitía recaudar e imponer impuestos, pero los vascos tenían que contribuir al gobierno español para la defensa nacional, los asuntos exteriores, el mantenimiento de los aeropuertos y las instalaciones públicas para el comercio y los viajes internacionales, y los puertos.

Este estatuto garantizaba libertades a los habitantes de las provincias de Gipuzkoa, Álava y Vizcaya. Puso en marcha un gobierno parlamentario con representantes elegidos por el pueblo vasco. Este estatuto también estableció el sufragio universal y otorgó a los vascos el poder de regular las industrias, la agricultura, la recaudación de impuestos, la policía y el transporte. El *euskara*, el idioma vasco, estaba ahora permitido, junto con el español.

Navarra eligió crear una entidad autónoma, que es similar a una comunidad autónoma. Controlaba funciones similares a las de las otras tres provincias vascas, aunque sus partidos políticos reflejan una ligera desviación, ya que había partidos pro vascos y partidos pro españoles. Los partidos pro vascos superan ampliamente a los de origen español hasta el día de hoy. Existe un movimiento dentro de Navarra para fusionar la provincia en el mismo estatus autónomo compartido por las otras tres provincias vascas. Tanto el idioma vasco como el español se hablan en Navarra hoy en día.

Capítulo 10 - Terrorismo vasco

El Movimiento Nacionalista Vasco tuvo que pasar a la clandestinidad durante el gobierno de Franco. Durante ese tiempo, mantuvieron su movimiento vivo y propugnaron la total libertad para las regiones vascas de España y Francia. En el corazón del Movimiento Nacionalista Vasco estaba el grupo ETA, cuyo nombre significa "Patria Vasca y Libertad".

La introducción de reformas democráticas y el Estatuto de Autonomía del País Vasco adjunto a la Constitución Española no alcanzaron los objetivos de independencia de ETA. Desde 1978 en adelante, llevaron a cabo una continua serie de ataques terroristas.

Hubo trece ataques fatales durante ese período de tiempo. Por ejemplo, en mayo de 1978, una bomba explotó en una calle de Pamplona, matando a un guardia civil en su vehículo en movimiento. En septiembre de 1978, dos guardias civiles fueron asesinados por pistoleros de ETA; en mayo de 1980, tres agentes de la Policía Nacional fueron asesinados por pistoleros de ETA en la ciudad de San Sebastián; en noviembre de 1980, cinco personas fueron asesinadas, entre las que se encontraban guardias civiles y un civil; y en mayo de 1981, tres militares españoles fueron asesinados y una bomba explotó en un destructor español. ETA se financió inicialmente mediante robos, pero más tarde mediante extorsión.

ETA inició un nuevo grupo en el País Vasco francés, los Iparretarrak ("los norteños"). Era más bien un grupo anarquista. Otro grupo, los Comandos Autónomos Anticapitalistas, también comenzó a llevar a cabo ataques terroristas.

Golpe de Estado fallido

En 1981, cuando el país estaba en proceso de elegir a Leopoldo Calvo-Sotelo como nuevo presidente, la Guardia Civil y los miembros del ejército marcharon a la sala de reuniones del Congreso de los Diputados, con las armas desenfundadas. El golpe fracasó y Calvo-Sotelo fue elegido, pero una división tripartita en los partidos políticos hizo imposible que obtuviera suficiente apoyo en la legislatura. Se convocaron nuevas elecciones en 1982, y esta vez, Felipe González Márquez fue elegido.

Se formaron nuevos GAL, aunque eran ilegales. Estos escuadrones de la muerte asesinaron a veintisiete personas. Lo más probable es que hayan matado a más, pero esos son los asesinatos confirmados vinculados a ellos. También se registraron muchas heridos como resultado de los ataques con bombas. Apuntaron principalmente a los miembros de ETA y a los de otras organizaciones terroristas de izquierda. GAL realizó estas ejecuciones ilegales entre 1983 y 1987. Este período fue apodado "la guerra sucia de España". Los responsables de estos asesinatos fueron llevados a los tribunales. Los juicios contra ellos se iniciaron y continuaron durante muchos años. Hasta el día de hoy, la gente sigue tratando de descubrir lo que realmente ocurrió durante la "guerra sucia de España".

Durante ese tiempo, el gobierno español y ETA mantuvieron negociaciones, con ocasionales ceses de fuego en vigor. Los miembros de ETA a menudo se escondían en el lado francés de la frontera, donde entrenaban y compraban armas. En 1987, Francia decidió no seguir haciendo la vista gorda a las actividades de ETA, como había hecho antes, y extraditó a los militantes de ETA a España para su enjuiciamiento. Las operaciones básicas de los militantes de ETA pasaron entonces a manos de grupos juveniles de ETA, que instigaron ataques en entornos urbanos utilizando tácticas de guerrilla.

Los terroristas de ETA fueron arrestados y encarcelados en España. Algunos de los atentados amainaron, y ETA volvió a intentar negociar. Debido a la gravedad de la situación, el gobierno español se negó a negociar y los consideró una organización criminal.

El asesinato de Miguel Ángel Blanco

En 1997, un joven político y concejal vasco llamado Miguel Ángel Blanco fue secuestrado por ETA. Indicaron que sería liberado si los prisioneros de ETA detenidos en España eran trasladados a las cárceles vascas. El gobierno se negó, y Blanco fue disparado, después de lo cual fue arrastrado por las calles de San Sebastián. Blanco murió en el hospital al día siguiente, el 13 de julio. Blanco tenía solo 25 años, y fue proclamado como un héroe de la causa del Partido del Pueblo, cuya plataforma promueve la democracia. Su funeral fue detallado y muy público. No solo el gobierno estaba furioso, sino que incluso algunos miembros de ETA y otras organizaciones militantes hablaron sobre el asesinato, condenándolo. La bandera vasca, llamada *ikurrina*, fue llevada por el cortejo fúnebre.

Homenaje a Miguel Ángel Blanco

ETA detuvo sus ataques terroristas durante las elecciones vascas de 1998. Los nacionalistas vascos y los recién formados candidatos de Euskal Herritarrok ganaron muchos escaños, principalmente debido a que los ataques terroristas habían sido suspendidos.

ETA reanuda los atentados

ETA reanudó sus ataques terroristas en 2000 (cabe señalar que los grupos juveniles de ETA siguieron promoviendo la causa del nacionalismo a lo largo de los años). En el año 2000 se produjeron cerca de cincuenta atentados contra militares, policías, funcionarios, políticos, periodistas y empresas vascas. No todos los atentados tuvieron lugar en el País Vasco; muchos tuvieron lugar en la propia España, especialmente en Madrid. Hubo casi tantos ataques al año siguiente. A menudo no hubo disparos, pero muchos incluyeron bombas.

En 2002, España aprobó una ley que prohíbe cualquier organización que directa o indirectamente condone la violencia como un medio para llevar a cabo su agenda. También se prohibieron los periódicos que fomentaban la violencia.

Tal vez un salvador en ascenso

En 2004, José Luis Rodríguez Zapatero fue elegido como nuevo presidente de España. Mantuvo conversaciones de paz con ETA y los gobiernos vasco y español. Se declaró un alto el fuego, pero fue rápidamente roto por ETA, y los ataques se reanudaron en toda España. En menos de un año, cuatro de sus principales líderes fueron arrestados y encarcelados. Para 2008, el gobierno prohibió algunos partidos políticos que consideraba que promovían o instigaban a la violencia, como la Acción Nacionalista Vasca, los grupos juveniles, los izquierdistas de Abertzale, el Partido Comunista de las patrias vascas y otros.

En 2011, el tema fue llevado al escenario internacional cuando grupos de ciudadanos del País Vasco organizaron una reunión con líderes de otras naciones, incluyendo aquellos que habían tratado temas similares. Entre los asistentes se encontraban Kofi Annan, de las Naciones Unidas; Gro Harlem Brundtland, ex Primera Ministra de Noruega; Bertie Ahearn, ex Primer Ministro de Irlanda; Pierre Joxe, ex Ministro del Interior de Francia; Gerry Adams, Presidente del Sinn Féin; y Johnathan Powell, ex Jefe del Estado Mayor de Inglaterra. Gerry Adams, por su parte, abogó por que el gobierno español abriera un diálogo con ETA en lugar de negarse a hablar con ellos. Bertie Ahearn, de Irlanda, recibió un premio de la paz en el País Vasco por su papel en la conferencia. Tras los esfuerzos de este grupo internacional, ETA declaró "el cese definitivo de su actividad armada".

Francia se puso en contacto con España y les informó del hecho de que estas actividades no habían cesado en el País Vasco francés. Todavía había varios depósitos de armas y municiones en el lado francés de la frontera. Los franceses contrataron a algunos grupos no gubernamentales para ir a las guaridas y almacenes de los nacionalistas. Los miembros de la ETA en Francia les dieron la ubicación de sus escondites, que luego fueron confiscados por las autoridades francesas y españolas.

A medida que aumentó la presión popular contra ETA y disminuyó el apoyo financiero, el número de miembros se redujo drásticamente. La mayoría de los vascos que favorecían la secesión querían abordar el tema con la no violencia.

Finalmente, el 3 de mayo de 2018, ETA declaró el fin de su terrorismo y lo puso por escrito. El presidente Luis Zapatero dijo que esto era "una victoria para la democracia, la ley y la razón".

Capítulo 11 - El País Vasco hoy

El País Vasco del Norte se encuentra físicamente en Francia, y el País Vasco del Sur está dentro de los límites geográficos de España. El término que usan para su país es *Euskal Herria*, que simplemente significa "País Vasco" en su lengua nativa, el *euskara*.

El País Vasco francés no tiene su propia administración individual. Está incorporado a Francia como los Pirineos Atlánticos. Los vascos franceses piden actualmente una administración separada e incluso utilizan el término "Département du Pays Basque".

La costa vasca francesa

El País Vasco Sur está formado por la Comunidad Autónoma Vasca y la Comunidad Foral de Navarra. En virtud de la Constitución española de 1978, la población de Navarra no eligió convertirse en una comunidad autónoma, sino que el pueblo de Navarra sigue operando a través de los *fueros* o estatutos del pasado. El principal partido político, la Unión Popular de Navarra, que es conservador, había preferido ese arreglo, ya que temía que muchos de los izquierdistas de Navarra controlaran demasiado poder. Para justificar esta medida, los navarros se basaron en lo que se denomina el derecho consuetudinario, que es esencialmente un derecho que evolucionó a través de la práctica consuetudinaria. Se eligió un rey, junto con un departamento de justicia. La mayoría de las leyes se basaban en leyes o costumbres más antiguas.

La costa vasca española

En España, el Estatuto de Autonomía del País Vasco, también llamado Estatuto de Gernika, fue aprobado en 1979. Permite a las provincias de Álava (Araba-Álava), Vizcaya y Gipuzkoa operar con su propio gobierno. Es similar a los estados de EE. UU., aunque no están sujetos a todas las leyes federales. Cada comunidad autónoma tiene su propio sistema ejecutivo, legislativo y judicial.

Parlamento y Gobierno Vasco

El cuerpo principal de la Comunidad Autónoma Vasca se encuentra en la ciudad de Vitoria-Gasteiz, justo al sur de la ciudad de Bilbao, en Álava, España. Es el paraguas de los órganos de gobierno local.

El administrador principal, llamado *lehendakari*, es elegido por el Parlamento Vasco. Es miembro de un partido político y tiene el mayor poder en la Comunidad Autónoma Vasca. En lugar de un jefe individual, una comunidad puede elegir tener un gobierno de coalición compuesto por personas que representan a varios partidos políticos.

El Parlamento Vasco está compuesto por cargos electivos. Sus miembros legislan y controlan las acciones y actividades del gobierno principal. Las funciones parlamentarias incluyen la elaboración y aprobación de los presupuestos. Está compuesto por setenta y cinco miembros, que ejercen sus funciones durante cuatro años. Cada territorio tiene veinticinco representantes, independientemente de la población. Estos funcionarios proceden de diversos partidos políticos, pero deben tener un mínimo del 5% de los votos para poder presentarse a las elecciones.

Los departamentos están dirigidos por ministros designados. A continuación se presentan algunos ejemplos de los distintos departamentos.

Organización local oficial de las provincias históricas

    1. Administración Provincial

    2. Juntas Generales

    Hay 51 miembros de las Juntas Generales. Supervisan un territorio o distrito y son elegidos. Aprueban las regulaciones locales, incluyendo los presupuestos locales. Seleccionan a los miembros de los Consejos Provinciales.

    3. Consejos Provinciales

Son seleccionados por las Juntas Generales. Nombran un equipo de diputados para realizar varias funciones.

4. Ayuntamientos

Los miembros del Ayuntamiento son cargos electivos y están encabezados por un alcalde. Proveen transporte, bomberos, sanidad, y similares. Cobran impuestos locales por estos servicios.

Recursos públicos y departamentos administrativos

El País Vasco tiene todos los servicios que se encuentran en otros países. Esto incluye:

Oficina del Presidente

Oficina del Vicepresidente

Departamento de Administración Pública

Departamento de Finanzas

Departamento de Educación

Departamento de Industria, Turismo y Comercio

Departamento del Interior

Departamento de Vivienda y Asuntos Sociales

Departamento de Cultura

Departamento de Salud

Departamento de Justicia, Seguridad Social y Empleo

Departamento de Transporte y Obras Públicas

Departamento de Medio Ambiente

Departamento de Agricultura y Pesca

El actual presidente del País Vasco es Íñigo Urkullu. Es del Partido Nacionalista Vasco. Desde las protestas y el trágico terrorismo de ETA, el país se ha vuelto muy sensible a los asuntos de los partidos políticos. Actualmente, Andoni Ortuzar es el presidente del Partido Nacionalista Vasco. En este momento, el Partido Nacionalista está pidiendo más voz en los asuntos de la Constitución Española que se relacionan específicamente con el País Vasco.

El presidente y el vicepresidente de los vascos tienen responsabilidades vitales en la gestión de las relaciones con la Unión Europea. También mantienen estrechas relaciones con los vascos que viven en el extranjero. La oficina del vicepresidente también creó la Agencia Vasca para la Mujer. Su principal objetivo es asegurar la igualdad de oportunidades para las mujeres en la sociedad vasca. De hecho, la Ley de Igualdad entre Hombres y Mujeres fue aprobada en 2005.

El Departamento de Finanzas y el Departamento de Administración Pública supervisan el presupuesto y administran los impuestos, lo que incluye las finanzas públicas y extranjeras. El Departamento de Administración Pública forma a su personal y a todos los empleados del gobierno que trabajan para los organismos públicos.

El Departamento de Educación garantiza la educación pública gratuita desde la infancia hasta los 18 años. La asistencia a la escuela es obligatoria. La educación secundaria también es obligatoria. Se ofrece una educación superior, que incluye universidades, escuelas politécnicas y escuelas profesionales. Se imparten cursos de educación para adultos y se imparte la enseñanza del *euskara* y el español.

El Departamento de Industria, Comercio y Turismo tiene páginas web abiertas a todos los vascos, incluyendo a los vascos que viven en el extranjero. Tienen dos sociedades importantes adscritas a él: la Asociación de Competitividad, Ciencia y Tecnología, así como el Consejo Vasco de la Energía y la Sociedad de Fomento de la Industria.

El Departamento de Interior es responsable del tráfico, el departamento de policía y la academia de policía.

El Departamento de Vivienda proporciona viviendas patrocinadas por el gobierno a los necesitados, así como los subsidios relacionados. Esto incluye una división que ayuda a reparar y renovar las viviendas. El Departamento de Asuntos Sociales se relaciona con la Oficina de Inmigración. Las leyes relativas a la inmigración se hacen cumplir y se enmiendan continuamente. Los programas de integración se presentan para permitir una más fácil asimilación en la sociedad vasca. También se ofrecen servicios de educación para la inmigración. Este departamento ofrece programas para personas mayores, familias, discapacitados, drogadictos y mujeres.

El Departamento de Cultura crea un calendario de eventos públicos abiertos a todos. El teatro público, la música, la danza y las exposiciones se ofrecen para el esparcimiento y la educación del público y los turistas.

El Departamento de Salud mantiene los hospitales vascos, centros de farmacología, centros de salud mental y similares. Controla los precios de los medicamentos genéricos y proporciona información sobre las marcas disponibles.

El Departamento de Transporte y Obras Públicas se encarga de los ferrocarriles, carreteras, aeropuertos, saneamiento, puertos marítimos y marinas.

El Departamento de Medio Ambiente gestiona el uso de la tierra y su impacto en los recursos naturales. Existen políticas que ayudan en el plan maestro general de protección del medio ambiente. Los planes futuros para el desarrollo de la tierra pasan por esta agencia para su aprobación y asesoramiento. También se ofrecen programas de educación.

El Departamento de Agricultura y Pesca se ocupa de cuestiones relacionadas con el uso de las tierras para la agricultura y la pesca. Un factor importante es la protección adecuada del medio ambiente y evitar la sobreexplotación de los recursos naturales. Se han establecido reglamentos para la cría adecuada de la vida silvestre doméstica.

El Departamento de Justicia, Seguridad Social y Empleo supervisa las prestaciones de jubilación y desempleo. Esto incluye la capacitación laboral si es necesario. También prevé la capacitación de los empleados públicos. Existe una sección auxiliar que cubre temas de seguridad laboral relacionados con el lugar de trabajo, prevención de accidentes e higiene del trabajador.

Prácticas locales

Los derechos humanitarios están consagrados en las comunidades locales, especialmente el derecho a no ser maltratado. Las responsabilidades locales pueden asignarse mediante elecciones o incluso por sorteo para asumir ciertas responsabilidades.

El Tribunal Superior de Justicia

El tribunal tiene trece miembros. Seis son elegidos y los otros seis son magistrados que tienen poderes judiciales pertinentes a los cargos que ocupan. El último miembro es el presidente del Tribunal Superior de Justicia. También hay presidentes de los tribunales específicos, a saber, los tribunales civiles y penales, el "tribunal de administración contenciosa", los tribunales laborales y los magistrados de las Audiencias Provinciales de Vizcaya, Álava y Gipuzkoa.

El tribunal "contencioso" conoce de los recursos de apelación que tratan de asuntos individuales y de las acciones contenciosas de los administradores o de las administraciones de los órganos de gobierno. Está integrado por nueve magistrados.

Los juzgados de trabajo atienden los casos relacionados con los intereses de los empleados y utilizan los tribunales para atender los casos relacionados con los conflictos laborales y la quiebra. Diez magistrados sirven en los tribunales de trabajo.

Impuestos

Los acuerdos fiscales con España y las comunidades autónomas vascas se hacen individualmente. Existen cuotas que cubren la prestación de dinero por servicios prestados por cada provincia vasca que no están cubiertos por España. Por ejemplo, las provincias individuales pagan por la reparación de carreteras, saneamiento, transporte local, educación y similares. España provee los gastos de defensa, asuntos exteriores, representación internacional, el funcionamiento y mantenimiento de los aeropuertos y puertos marítimos, y el transporte de alta velocidad para todos sus ciudadanos, incluyendo a los vascos.

Desde 1981, la cuota media de un vasco en una comunidad autónoma es del 6,24 por ciento del presupuesto nacional.

Cada comunidad autónoma vasca tiene sus propios impuestos sobre la renta personal, impuestos corporativos, impuestos de herencia e impuestos de donación. Este dinero va a los tesoros de las comunidades individuales. Los impuestos sobre el valor añadido son cobrados por las comunidades sobre ciertos productos, como las bebidas alcohólicas.

La unidad familiar

Las familias en el País Vasco están compuestas de manera muy similar a las familias de las culturas democráticas. La mayoría consisten en una pareja heterosexual, que puede o no tener hijos. Esto es cierto para alrededor del 44% de la población. También existen familias monoparentales que viven solas, que representan alrededor del 20 por ciento de la población. Algunos viven en grupos familiares, como las familias extensas.

La homosexualidad no está prohibida en España ni en el País Vasco. Si una pareja del mismo sexo se casa en España, donde es reconocida, el matrimonio también es reconocido en el País Vasco.

A partir de 2003, las parejas de hecho —dos personas solteras que viven juntas— son bastante comunes en el País Vasco. A diferencia de los acuerdos en otros países, estas parejas tienen los mismos derechos y obligaciones que las parejas casadas. Sin embargo, necesitan registrarse como pareja de hecho. Esto incluye incluso los matrimonios del mismo sexo, excepto en el caso de la muerte de uno de los miembros de la pareja. En ese caso, las pensiones de viudez no están permitidas. Independientemente de la preferencia sexual, todos los matrimonios permiten las adopciones, y deben pagar impuestos.

En 2005 se aprobó la Ley de igualdad entre los géneros. Emakunde es la institución adscrita a la oficina del presidente que asesora, coordina, evalúa y promueve la igualdad de género para las mujeres. Trabaja para asegurar que la igualdad de género se aplique en la educación, la salud, el empleo, la cultura y los servicios sociales.

Educación

La educación es gratuita. Es obligatoria desde los seis hasta los dieciséis años. A los dieciséis años, los estudiantes tienen la opción de continuar su educación durante dos años más, siempre que tengan notas satisfactorias.

Los estudiantes pueden entonces seguir estudios académicos a través de la preparación para entrar en la universidad, o pueden tomar cursos profesionales para prepararse para una ocupación. Tras la muerte de Francisco Franco, se crearon las escuelas llamadas *ikastolak*. Esas escuelas son de cuatro tipos: X, que enseña solo en español; A, que enseña en español con el vasco como asignatura obligatoria; B, que enseña en parte en español y en parte en vasco; y D, que la enseñanza se imparte solo en vasco. Es interesante observar que el 50 por ciento de los alumnos optan por asistir a las escuelas de idiomas totalmente vascas.

Existen cuatro universidades en el País Vasco: la Universidad pública del País Vasco; la Universidad de Deusto, una universidad dirigida por los jesuitas; la Universidad del Opus Dei de Navarra, una universidad católica; y la Universidad de Mondragón, dirigida por la Corporación Mondragón.

Negocios

Los sindicatos, llamados "sindicatos de clase", no están organizados para cada empresa en particular. En su lugar, representan a todos los trabajadores. La mayoría están divididos en áreas geográficas. ELA, que significa *Eusko Langileen Alkartasuna* ("Solidaridad de los Trabajadores Vascos"), es nacionalista y apoya a las provincias del País Vasco. CCOO es un gran sindicato en España, y también supervisa el País Vasco. CCOO significa Comisiones Obreras. También existen sindicatos más pequeños que representan a diferentes sectores del país, como la educación o la salud. Otros sindicatos representan a los trabajadores autónomos y a los agricultores.

Muchas empresas son cooperativas, son empresas dirigidas y propiedad de los trabajadores. La Corporación Mondragón es un paraguas para 257 empresas cooperativas, que emplean a poco más de 74.000 personas. No todos los trabajadores viven en el País Vasco. La belleza de la Corporación Mondragón es el hecho de que se saca dinero de los fondos generales para rescatar a una empresa miembro que podría estar al borde de la quiebra.

El sector empresarial vasco es virulento y está por encima de la media general de la UE (Unión Europea). La metalurgia y el acero siguen siendo sus sectores industriales más fuertes, y también fabrican máquinas y herramientas. Los productos petroquímicos, la aeronáutica y la producción de energía también son fuertes.

Corporación Mondragón

La Corporación Mondragón es la mayor corporación cooperativa del País Vasco. Fue fundada en 1941 por un sacerdote llamado José María Arizmendiarrieta, y su propósito original era ayudar a los vascos después de la guerra civil española. El país había sido devastado por la pobreza, y estaba muy necesitado de mano de obra educada. Arizmendiarrieta construyó una escuela politécnica que entrenaba a sus estudiantes para ser técnicos, ingenieros y otros trabajadores capacitados.

La Corporación Mondragón emplea principios humanísticos de entendimiento y cooperación mutua para mejorar sus empresas miembros. Uno de sus principios fundamentales es la autosuficiencia. Su objetivo es crear compañías que no necesiten ser demasiado dependientes de otras industrias para sobrevivir. En cierto modo, es la antítesis del tipo de competencia que enfrenta a una empresa con otra. Mondragón tiene un enfoque único hacia los negocios, ya que no pone la acumulación de riqueza como su único precepto primordial. Factores como la seguridad y la calidad tienen una alta prioridad. Por supuesto, están interesados en el beneficio, pero no hasta el extremo. Los trabajadores contribuyen a la cooperativa en la medida de sus capacidades.

Mondragón defiende los derechos de los trabajadores y minimiza la explotación de la mano de obra en favor del beneficio. Además, evita pagar fuertemente a los pocos ejecutivos de la empresa para que los beneficios se repartan entre los demás trabajadores.

La zona industrial vasca está en el norte, y progresivamente se va haciendo más agrícola a medida que se va hacia el sur.

Cultura

Los vascos aman los festivales. El Festival de San Fermín, también conocido como el Encierro de Toros, es conocido en todo el mundo. Se prolonga durante una semana, e incluye algo más que el encierro. Los desfiles presentan marionetas gigantes vestidas con lo que se conoce como "Rojo Vasco", uno de los colores de su bandera.

Se originó en el siglo XIII, cuando los toros fueron enviados a Pamplona en barcazas para ser llevados al mercado. Se asignaban jóvenes para que corrieran junto a los toros para llevarlos por las calles y a sus corrales para ser subastados. Después de un tiempo, hicieron un deporte de ello. Las corridas de toros son también un pasatiempo popular tanto en España como en el País Vasco.

Julio y agosto son los meses más populares para las fiestas y ferias. Estas celebraciones son bastante imaginativas. Para la celebración de la Virgen Blanca, un muñeco llamado Celedón, llamado así por Juan Celedonio de Anzola de Vitoria-Gasteiz en la provincia de Álava, desciende en un alambre desde el campanario de la Iglesia de San Miguel hasta un balcón sobre la Plaza Nueva. Lleva un paraguas, como el personaje de Mary Poppins. Una vez que llega el muñeco, una persona real, que se supone es la encarnación de Celedón, aparece en la calle. Da un breve discurso, seguido de desfiles, concursos de cocina, corridas de toros y fuegos artificiales.

Deportes

Los vascos tienen una serie de deportes y competiciones rurales, como cortar leña, cavar hoyos, guadañar, lanzar balas, recogida de mazorcas, levantamiento de piedras e incluso tira y afloja. También se realizan competiciones relacionadas con los animales, como peleas de carneros, esquila de ovejas y carreras de burros.

El idi probak es una competición que requiere que un buey, caballo o burro arrastre piedras pesadas a través de una distancia.

Sus principales eventos deportivos se llaman pelota, que consiste en una variedad de juegos de cancha inspirados en el balonmano.

Jai Alai

El deporte Jai alai se originó en el País Vasco en el siglo XIV. El término vasco para ello es *zesta punta*, que literalmente significa "punta de cesta". Es una variación de la pelota. El deporte se ha extendido a España, Francia, América del Norte y del Sur, Filipinas y Cuba. Hay juegos del Campeonato Mundial que se celebran anualmente. El Jai alai es también uno de los eventos de las Olimpiadas.

Jai alai

El Festival de la Tamborrada de San Sebastián consiste en desfiles y bandas. Tiene un sabor militar, ya que los tambores suelen ser hechos a mano. Se basan en diseños de su creador original, un panadero anónimo que comenzó a golpear los barriles que llenaba cerca de la Iglesia de San Vicente en 1720. Los vascos son muy creativos, y encuentran placer haciendo que el trabajo parezca menos pesado.

En la ciudad de Bilboa, la gente celebra la Asunción de Nuestra Señora en lo que se llama Aste Nagusia, o "Gran Semana". Su evento central es un circo, y hay espectáculos de baile tradicional. Se originó durante la dictadura de Francisco Franco. Los bailarines, o *danzarias*, visten de blanco con boinas rojas cuando actúan para el pueblo en Bayona, en el País Vasco francés, durante su feria anual.

Danzarias *vascas*

Otro evento popular es una carrera de autos patrocinada no competitiva a través de un complejo recorrido establecido en las estribaciones de los Pirineos. Las ganancias van a un fondo general para enseñar y preservar el *euskara*, la única lengua de los vascos.

Cocina vasca

La cocina de los vascos difiere de una parte del país a otra. Muestra una mezcla de lo que ofrece el mar, así como platos de carne con cordero y especias, como la pimienta de Espelette.

El pescado, como el bacalao salado, el atún y otros mariscos, dominan las regiones costeras. Un plato favorito es el marmitako o "olla de atún". Los vascos utilizan el atún albacora (aleta larga) para crear esta comida. La kokotxa es un guiso de pescado hecho con las mejillas de un pescado graso, como la merluza o el bacalao. Se suele servir con una salsa blanca que se hace verde debido a su alto contenido en perejil. Los elvers, o pequeñas anguilas, también son populares. La Maja Squinado es un cangrejo espinoso con patas muy largas, y los vascos rellenan y cocinan los cangrejos en sus propios caparazones. Es un plato común en el área del golfo de Vizcaya. Los txipirones, o pequeños calamares, también son bastante comunes en esas aguas y pueden ser consumidos con su tinta. El piperade es una sopa hecha con un surtido de verduras, principalmente tomates. Su sabor es similar al del pisto. Un artículo más popular es el talo, que es una especie de tortilla de maíz que puede ser usada como envoltura de un sándwich. Los vascos tienden a usar aceite de oliva en lugar de aceite vegetal en la cocina, ya que es de mayor calidad.

Muchos vascos son genéticamente intolerantes a la lactosa. Sin embargo, muchos pueden tolerar la leche de oveja. Por lo tanto, tienen productos de queso como el Roncal o el Ossau-Iraty, que es un queso hecho con leche de oveja. Idiazabal es un queso untable hecho con leche de oveja. La lactosa de este producto se elimina generalmente cuando se desecha el suero.

En las zonas del interior se comen muchas carnes curadas, como jamón y salchichas de cordero. Las verduras y legumbres son abundantes en el fértil valle del Ebro. El txakoli es un vino blanco claro o espumoso verde muy popular, de bajo contenido alcohólico y de corta duración. Es originario de la provincia de Álava, pero en Cantabria existe una variedad rosada ligera.

La sidra de manzana es una bebida alcohólica popular en el País Vasco. Las casas de sidra se llaman sidrerías en el idioma vasco. También ofrecen tortillas de bacalao y otros aperitivos ligeros. Los vinos tintos y rosados se producen en los viñedos españoles de la provincia de Rioja. La ciudad de Getaria, en la provincia vasca de Gipuzkoa, produce vinos blancos.

La diáspora vasca

A lo largo de los años, muchos vascos han dejado el País Vasco y se han establecido en otras partes del mundo. Fuera de Francia y España, el mayor número de vascos se han reasentado en Colombia, Chile y Argentina. También existen comunidades en Venezuela, México, Perú, Cuba, Uruguay, Rusia, otras partes de Asia, Canadá, Estados Unidos y San Pedro y Miquelón. San Pedro y Miquelón es un grupo de islas de propiedad francesa en el noroeste del océano Atlántico, cerca del Canadá. Las comunidades vascas han estado allí durante muchos años y son en su mayoría descendientes de pescadores vascos. La bandera vasca ondea allí, y es la bandera no oficial de estas islas.

Conclusión

La historia de los vascos es bastante enrevesada, ya que esta orgullosa gente ha sido manipulada por naciones mucho más grandes a través de los tiempos. Hoy en día, los vascos son unos tres millones, y han luchado una buena batalla para preservar su lengua y cultura de injustificables incursiones de otros.

A lo largo del tiempo, muchas civilizaciones que apreciaban la asimilación aparecieron, queriendo hacer a los vascos más parecidos a ellos. Entre 1892 y 1920, Francisco Franco, el dictador de España, prohibió a los vascos hablar su propia lengua materna. Este fue un tema común en la historia. Allá por el año 196 a. C., los antiguos romanos trataron de romanizar a los vascos. Afortunadamente, ni Roma ni Franco tuvieron éxito.

Cuando los diversos territorios del pueblo vasco fueron conquistados por una nación extranjera tras otra, no se prestó atención a mantener sus respectivos territorios intactos. La división de los territorios vascos parecía convertirse en un juego internacional. Lo que es más sorprendente es el hecho de que estos territorios conquistados fueron a menudo renombrados. A lo largo de los años, se dedicó poco esfuerzo a deletrear los nombres de su gente o sus provincias de manera consistente.

Por lo tanto, no es de extrañar que el pueblo vasco de hoy haya hecho un gran esfuerzo para preservar su idioma. De hecho, los visitantes de larga duración han dicho que encontraron un valioso recurso al aprender *euskara*, ya que se les otorga más respeto por haberlo hecho.

Es sorprendente notar que estas personas, cuya ascendencia se remonta a los tiempos del Paleolítico, no han perdido mucho de la pureza de su etnia. Investigadores, etnólogos e incluso médicos clínicos se han comprometido en estudios modernos sobre estas personas. Los vascos han sido objeto de investigación hasta el nivel de su ADN único.

Los vascos son listos e inteligentes. Han sido prácticos desde la antigüedad, habiendo aprendido desde el principio que uno puede ganar dinero siendo mercenario en todas las guerras que salpicaron la historia. También supieron cómo utilizar sus recursos, y fueron quizás los más hábiles cazadores de ballenas del continente en el siglo XV. Fueron los vascos quienes extrajeron oro y plata para la moneda romana. Los numismáticos de hoy en día todavía venden monedas vascas de la antigüedad.

La característica más prominente y loable de los vascos es el hecho de que trabajan juntos. La camaradería que tienen entre ellos es su mayor habilidad de supervivencia, y solo ha crecido a lo largo de los siglos. Incluso su comunidad de negocios prospera con la cooperación, en lugar de la competencia feroz. Esta es tal vez la clave para su supervivencia a través de las muchas guerras que se libraron alrededor o incluso en su tierra.

Vea más libros escritos por Captivating History

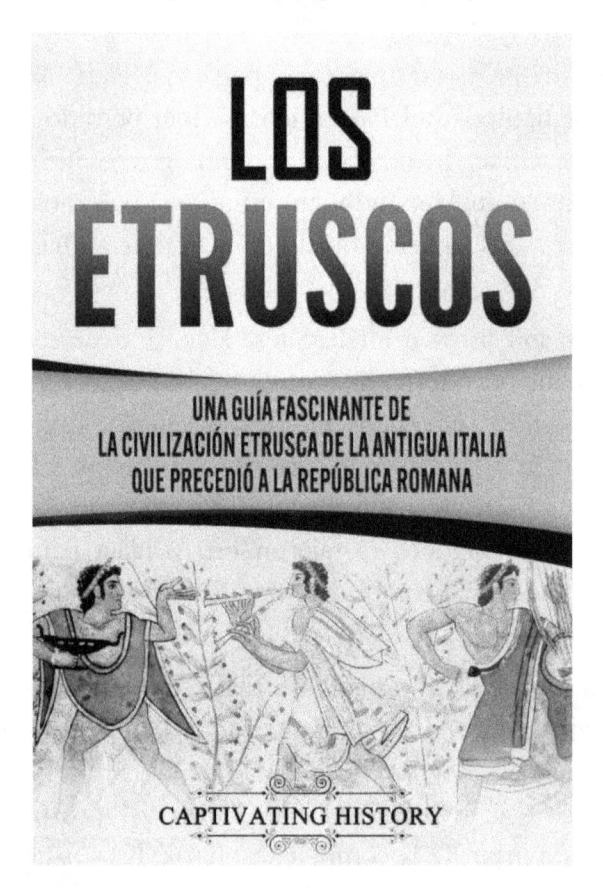

LOS ETRUSCOS

UNA GUÍA FASCINANTE DE LA CIVILIZACIÓN ETRUSCA DE LA ANTIGUA ITALIA QUE PRECEDIÓ A LA REPÚBLICA ROMANA

CAPTIVATING HISTORY

Bibliografía

"Ancient DNA Cracks Puzzle on Basque Origins" Retrieved from https://www.bbc.com/news/science-environment-34175224

"Basque Country: A Land of Myths and Legends" https://www.bizkaiatalent.eus/en/pais-vasco-te-espera/senas-de-identidad/vasco-tierra-leyendas/

"Basque Mythology, Ancestral Religion, Spirituality and Modern Religion" Retrieved from

https://aaconventionbiarritz.com/2019/08/29/basque-mythology-ancestral-religion-spirituality-and-modern-religions/

"The Basque Problem" Retrieved from https://erenow.net/common/the-basque-history-of-the-world/3.php

"The Basque Paradigm" Maternal Evidence of a Maternal Continuity in the Franco-Cantabrian

Region since Neolithic Times" Retrieved from https://www.ncbi.nlm.nih.gov/pmc/articles/PMC3309182/

"A Brief History of the Pamplona Citadel and City Walls" Retrieved from https://theculturetrip.com/europe/spain/articles/a-brief-history-of-the-pamplona-citadel-and-city-walls/

Cabarello, D. "Parity in Government: Gender Equality within the Basque Government" Retrieved from https://blogs.shu.edu/basqueresearch/2015/12/01/parity-in-parliament-gender-equality-within-the-basque-government/

Collins, Roger, Gillingham, J. (ed.) (1984) "The Basques in Aquitaine and Navarre: Problems of Frontier Government". *War and Society in the Middle Ages: Essays in Honor of J. O. Prestwich.*

Boydell Press

"History of Basque II" Retrieved from http://www.kondaira.net/eng/Euskara2.html

"History of the Basque People" Retrieved from https://thereaderwiki.com/en/History_of_the_Basque_people

"History of the Basque Wars" Retrieved from http://forwhattheyweweare.blogspot.com/2011/10/history-of-basque-wars-i.html

"The History of Navarre" Retrieved from http://www.bbc.co.uk/history/british/middle_ages/hundred_years_war_01.shtml

"The Hundred Years War" Retrieved from http://www.bbc.co.uk/history/british/middle_ages/hundred_years_war_01.shtml

Watson, C. (2003) Modern Basque History: Eighteenth Century to the Present University of Nevada, Center for Basque Studies

"We Are not our Ancestors: Evidence for Discontinuity between Prehistoric and Modern Europeans" Retrieved from https://jogg.info/pages/22/Coffman.pdf

CPSIA information can be obtained
at www.ICGtesting.com
Printed in the USA
LVHW050434110222
710700LV00007B/521

9 781637 161722